王|者|归|来

袁国宝◎著

2019年·北京

图书在版编目(CIP)数据

小米：王者归来 / 袁国宝著 . -- 北京：当代中国出版社，2019.2
ISBN 978-7-5154-0901-6

Ⅰ. ①小… Ⅱ. ①袁… Ⅲ. ①通信企业－工业企业管理－概况－中国 Ⅳ. ① F426.63

中国版本图书馆 CIP 数据核字（2018）第 298687 号

出 版 人	曹宏举
策　　划	陈　莎
执行策划	张　杰
责任编辑	陈　莎
责任校对	康　莹
出版统筹	周　霞
封面设计	李尘工作室
出版发行	当代中国出版社
地　　址	北京市地安门西大街旌勇里 8 号
网　　址	http://www.ddzg.net　邮箱：ddzgcbs@sina.com
邮政编码	100009
编 辑 部	（010）66572264　66572154　66572132　66572180
市 场 部	（010）66572281　66572161　66572157　83221785
印　　刷	固安县京平诚乾印刷有限公司
开　　本	880 毫米 ×1230 毫米　1/32
印　　张	7.125 印张　160 千字
版　　次	2019 年 2 月第 1 版
印　　次	2019 年 2 月第 1 次印刷
定　　价	58.00 元

版权所有，翻版必究；如有印装质量问题，请拨打（010）66572159 转出版部。

前言

2013年,央视财经频道的活动现场,"铁娘子"董明珠与"雷布斯"雷军的10亿赌局,在亿万观众面前正式拉开序幕。代表中国制造业未来的格力与插上互联网翅膀的小米之间的"对决",最终是一个有趣的故事还是一次炒作的事故呢?在答案揭晓之前,赌局中的他们和赌局外的我们都只能悬着一颗心默默地期盼结果。

这场即将见分晓的赌局,赌的是小米的销售额在五年之内能否超越格力?单从前两年小米的销售业绩来看,这个问题似乎并不难回答。但是,善于运筹帷幄的雷军又怎么会轻易认输?小米这盘看似简单实则没有几人能真正看懂、看透的棋局,在雷军的部署下,正变得越来越有趣。

在移动互联网的风口,成立仅一年的小米就实现了5亿元的销售额。之后,小米又用5年的时间实现估值1000亿美元的成长奇迹。作为一家刚刚起步就开始飞速奔跑的企业,小米以近乎完美的成绩赢得了市场的瞩目。就这样,横空出世的小米在雷军及其团队的带领下,以互联网的模式和全新的营销推广方式,迅速攀升到第一个事业巅峰。

小米的成功,为它赢得了"中国苹果"的光环,也让雷军成为粉丝追捧的"雷布斯"。小米的成功秘诀——专注、极致、口碑、快,也像武功秘籍一样,开始被企业家和创业者研究、讨论、学习。处在"山顶"的小米就像一股新生的力量一样,让对手不寒而栗、让用户满心欢喜、让创业者跃跃欲试、让旁观者惊叹不已……

小米的成功,有人归结为移动互联网的"风口"效应,也有人说是雷军和小米团队的推广做得好。也许,小米就是站对风口的"飞猪",又或者,小米手机的热销真的就是因为雷军比较会"吆喝"。不管怎样,小米的出现开始潜移默化地改变整个行业的格局。

作为移动互联网时代最重要的入口,智能手机一直备受创业者和制造厂商的青睐。苹果、三星作为国际品牌可谓风光无限,以华为为代表的一众国产手机制造商也是前途不可估量,小米选择进入手机行业足见其智慧和野心。在从来就不缺乏关注度和吸引力的手机行业，小米以变革者的身份入局，但在一些人看来，小米其实就是个"搅局者"。

关于小米的"身份"认定，其实是一个很复杂的话题。在用户眼里，小米是一家手机公司，但小米对外宣称自己是一家科技公司。当然，从小米的经营模式和业务角度来看，你也可以说它是互联网公司，又或者说是电商平台。对小米"手机＋消费电子＋电商＋新零售"的经营路线，雷军给小米的定义是新物种。

作为新生的力量，轻装上阵的小米开局可谓极其精彩。但是，新事物的成长难免会遇到挫折与阻碍。2015年的"屏幕门"事件，让小米手机的质量备受争议，而大力开拓海外市场的小米也因专利问题陷入尴尬的境地。与此同时，通过模仿小米生产模式、营销模式的其他手机厂商也开始"攻城略地"。小米原本引以为傲的产品特色逐渐淡去，以性价比赢得的粉丝也渐渐散去。

在中国智能手机增长放缓和竞争对手的挤压下，"热度"不再的小米，销售开始一路下滑。2015年，小米手机出货量放缓，华为更是一度超越小米坐上了国产手机销售的"头把交椅"。2016年，以"黑马"姿态横空出世的OPPO和VIVO，迅速以线下渠道优势快速崛起。在激烈的竞争中，小米手机的出货量被挤出排行榜前三的位置。

从狂热抢购到备受冷落，从"草根明星"到人人质疑，从"颠覆者"到"失败者"，2015年到2016年的一年间，没有人知道小米究竟经历了什么。

对于小米的"滑铁卢"，雷军表示："前几年我们冲得太快，创造了现代商业史上的成长奇迹，但也提前透支了一部分成长性。所以，我们必须放慢脚步，认真补课，而且早补比晚补好，文火慢补要比急火猛药好。"

"补课"之后的小米认为最坏的时期已经过去，一些媒体和一些"友商"却开始了新一轮的唱衰小米之路。小米将何去何从，其结果是伸手即可触摸咫尺星空还是会失身掉落万丈深渊？在关键时刻，雷军用行动为小米打开了一条新路。与此同时，早前备受质疑的"生态链"也开始发力。此刻，人们似乎又看到了当初那个"朝气蓬勃"的小米，只是这次它已褪去青涩，添了些许成熟稳重。

在生死攸关的2017年，拥有自主研发芯片"澎湃S1"的小米，完成了从商业模式创新到核心技术创新的转变，自信满满的小米开始向高端市场和国际市场进军。此时，一直主打"黑科技"的小米，也终于拿出了更具说服力的全面屏技术为自己正名。

"补课"归来的小米确实不一样了。这种不一样不仅体现在产品上，在销售渠道上，小米也不再固守"线上"市场，开始在"线下"布局，遍地开花的"小米之家"专卖店让小米与粉丝有了亲密接触的机会。远在印度的小米粉丝，更是上演了当初苹果手机开售时才有的排队场景。

在竞争激烈的手机行业，一个公司一旦开始下滑，一般就进入了死亡通道，很少有公司能逆袭成功，而小米创造了一个纪录。但就此宣布小米王者归来，可能还不足以让大家信服，其实，小米手机销量的逆势反弹只是王者归来的第一个信号。小米智能硬件生态链系统的迅猛发展，让大家看到了小米的巨大发展潜力，同时也让我们意识到小米作为王者的实力。

2018年，雷军对小米的期许是创新与品质的提升，而外界对小米能飞多高、走多远同样充满好奇心。尤其是小米于2018年7月9日上午9:30分正式上市，"雷布斯"是否能变为"雷首富"、小米能否超越百度,成为中国互联网第一军团的一员呢?还有,雷军与董明珠的赌局将如何落幕?这一切还未可知。但可以肯定的是,小米已经走过了最艰难的时光,接下来,我们将拭目以待,小米王者归来的风采!

目录

■ **初生篇：在风口上，乘风而起**

第一章　因"发烧"而生 / 3

1. 越过"金山"，发现新风口 / 4
2. 小米的豪华创业"天团" / 9
3. "四无"小米赢得顶级供应商 / 14
4. 小米模式 = 硬件 + 软件 + 互联网服务 / 19
5. "中国的苹果" or "世界的小米" / 25

第二章　因"偏执"而不同 / 31

1. 颠覆，从互联网思维开始 / 32
2. 粉丝：始于"性价比"，陷于"参与感" / 38
3. "饥饿营销"是伪命题还是真意图 / 44
4. 因定位而赢，为发烧而生 / 50
5. 不走寻常路，开启社会化营销新时代 / 54
6. 小米的"免费"大餐 / 60

■ **成长篇：在竞争中，低调坚守**

第三章　成长的"烦恼" / 65

1. 专利陷阱，小米的"成人礼"之痛 / 66
2. 深陷"屏幕门"，当小米遭遇诚信危机 / 72
3. 渠道之困，失控的"黄牛"与"山寨" / 77
4. 战略转型，痛并快乐着 / 83

5. 小米的尴尬——不给力的供应链 / 88

第四章　没有硝烟的"战场" / 93

　　1. 被围剿的"搅局者" / 94

　　2. 疯狂复制"小米模式"的对手 / 98

　　3. 颠覆与被颠覆，小米与 BAT 的那些事 / 104

　　4. 雷军 PK 董明珠，传统制造业与互联网行业的碰撞 / 114

■ 归来篇：在突围后，王者归来

第五章　全方位"补课"的小米 / 121

　　1. 小米出品"中国芯"，为"澎湃"而澎湃 / 122

　　2. 雷军挂帅，重整"失控"供应链 / 127

　　3. 玩转新零售，"小米之家"势不可当 / 133

　　4. 布局新风口，小米生态链初长成 / 140

　　5. 跨界，无所不能的小米 / 146

　　6. "新国货运动"，小米的新情怀 / 153

第六章　"王者"小米重返巅峰 / 157

　　1. 厚积薄发，小米生态链公司崛起 / 158

　　2. 那些年我们一起追过的小米"爆品" / 170

　　3. 技术创新让小米载誉而归 / 177

　　4. 开拓国际市场，小米很 OK / 182

　　5. 上市即成功：小米前景可待，未来可期 / 190

附录 1　雷军公开信：小米是谁，小米为什么而奋斗 / 197

附录 2　小米生态链公司及细分领域表 / 209

初生篇：在风口上，乘风而起

第一章 因"发烧"而生

1. 越过"金山",发现新风口

1992年,从武汉大学毕业不久的雷军正式加入求伯君创办的金山公司(以下简称金山)。在金山,雷军从初出茅庐的年轻小伙子,到成熟稳重的公司总裁,这一干就是足足16年。可以说,雷军人生年华中最美好的青春时光都奉献给了金山。

作为民族软件的代表,金山一直承担着对抗微软的重任。在资金和实力都远超自己的强敌面前,雷军只能以勤补拙,本着艰苦、勤奋的精神带领金山奋斗、生存。在前有微软、后有盗版的情况下,金山从应用软件扩展至实用软件、互联网安全软件及网络游戏等多方面。

1997年,随着电脑病毒的流行,程序员出身的雷军决定"杀入"反病毒软件市场。2000年,金山推出金山毒霸,并迅速在信息安全领域崛起。仅仅用了两年时间,金山就拿下了杀毒软件市场的半壁江山。当年,在重重压力之下,雷军与开发团队每天就像打仗似的,几乎到了疯狂的状态。值得一提的是,金山在进入网络游戏行业之后,雷军每天晚上至少要花三个小时泡在游戏里,亲自测试产品质量。就这样,雷军用刻苦与勤奋带领金山不断地向前突破。

在金山发展的过程中,雷军从一个追求完美和浪漫的程序员,逐渐成长为带领企业渡过难关的经理人。2007年10月9日,经过八年艰苦卓绝的上市征程后,雷军终于带领金山成功地登陆港股市场。

带领金山上市就像是雷军人生中一座必须要翻越的山峰,翻过去了,对自己、对金山都有所交代。但翻越这座山峰所遇到的挫折与阻碍,也让雷军有了更多的思考。作为中国第一批"触网"的人,雷军对互联网的热诚是发自内心的。据说,雷军玩BBS(网络论坛)的时候,曾经创纪录地一天写了100多个帖子,而且没有水帖。正是这种热情与追求,让雷军决定把金山带入互联网时代。

为了金山的互联网大计,雷军打造了B2C网站卓越网。经过四年的发展,卓越成了中国最大的B2C购物商城之一。遗憾的是,金山为了上市,为了财务报表上的数字,无法全面进军当时烧钱的互联网领域。最终,因为投资不到位,金山把卓越网卖给了亚马逊。雷军关于互联网的梦,在金山也只能到此为止。

回首过去,我们不难发现,当初抓住机会的互联网公司,如百度、阿里、腾讯(简称BAT)如今已经今非昔比。而因为种种原因错失机会的金山不仅要在上市路上苦苦挣扎,而且,金山上市之后的市值也远远不及后来居上的互联网军团,这一切都让雷军无法释怀。

经历了从希望、失望、再希望,最后到绝望的过程,金山成功上市以后,雷军并没有如释重负,在他心里更多的是一种落寞。雷军想把金山带向他人无法企及的巅峰,他有能力也有眼光,但带着"手铐脚镣"的金山只能止步于此。

在金山，雷军的勤劳换不来企业更辉煌的未来，雷军的互联网梦也无法真正实现。为此惆怅不已的雷军，在金山上市两个月就辞去了CEO一职。"来，如夏花之绚烂；去，如秋叶之静美。"雷军的选择是一种无奈，同时也是一种必然，因为，只有越过金山这座"山峰"，雷军才能看到新的风景。

离开金山之后，雷军在疑惑、纠结中"反思"过往的种种。最后，他终于领悟到："人是不能推着石头往山上走的，这样会很累，而且会被山上随时滚落的石头打下去，要做的是，先爬到山顶，随便踢块石头下山。"这段话后来在微博上被雷军总结为："只要站在风口，猪也能飞起来。"

经过痛彻心扉的反思之后，似乎已经被世界遗忘的雷军以"天使投资人"的身份低调再出发。此后几年，雷军一口气投资了凡客、乐淘、拉卡拉、UC等17家公司，这些公司大多从零开始，最后很多都成为行业的翘楚。雷军在风口找"小猪"的能力，让他实现了华丽的转身，成为继腾讯、百度、阿里系之后的第四股力量。

如果单纯为了赚钱，雷军的投资人身份已经让他得到了最大的满足。但很明显，雷军的志向并不在此。"像乔布斯一样办一家世界一流的企业"很像一句矫情的口号，但这确实就是雷军从未忘却的信念。在移动互联网的风口到来之际，敏锐的雷军决定再出发进行创业，而这一次，他选择的是用互联网思维进军手机市场。

2010年，Android系统开始突发猛进地发展，中国智能手机市场正处于起步阶段。与此同时，3G网络也开始大规模普及，随着一个崭新时代的到来，雷军和他的小米站在新的风口蓄势待发，准备迎向新的风景。

2.小米的豪华创业"天团"

乔布斯曾经说过:"一个出色的人才能顶五十个平庸的员工",所以,他把四分之一的时间用于招募人才。作为乔布斯的忠实粉丝,雷军在创业时也深知人才之重要性。在小米成立之初,雷军在各个领域寻找网络最顶尖的人才作为合作伙伴。

2009年,经李开复介绍,雷军认识了林斌。当时,负责谷歌移动研发和Android系统本土化工作的林斌和雷军可谓一见如故。那段时间,雷军经常找林斌聊天,而且两人常聊到深夜一两点。

一次,林斌对雷军说:"我想自己做一个互联网音乐项目,你觉得怎么样？"

雷军听了就对林斌说："做音乐，投点钱，找别人干就可以了，我们不如一起做点更大的事情。"就这样，林斌第一个登上了雷军的"战舰"。事实证明，林斌对移动互联网的研究，在小米的发展中起到了至关重要的作用。

黄江吉同样出身于微软，具有优秀科研能力的他，不到30岁就成了微软工程院首席工程师。经过林斌的介绍，雷军结识了这位技术大咖。经过四个半小时的长谈之后，黄江吉被雷军纳入了小米创业团队。

小米的第四个创始人是谷歌的高级工程师洪峰。洪峰任职谷歌时分管谷歌音乐和谷歌3D街景地图。在洪峰和雷军碰面时，强势的他反而对雷军进行了一场"面试"。当雷军回答了他的各种疑问之后，洪峰才表示出加入的兴趣。对于洪峰，雷军的评价是这样的：他似乎是一个很神秘的人，你很少能从他的表情里看到什么信息，他很难为别人所改变。不可否认的是，他绝对拥有非凡的智慧。

小米的第五个创始人刘德毕业于美国艺术中心设计学院，

是曾获得工业设计硕士学位的设计师。作为世界顶尖的工业设计师的刘德当初并不在雷军的合作规划之中。巧合的是，已经加入小米团队的洪峰的太太和刘德的太太是很好的朋友，就这样，雷军有了和刘德进一步接触的机会。

2010年，刘德出差到了北京。在小米位于银谷中心大厦的公司里，雷军第一次见到了刘德。当天，他们一起聊到凌晨12点。一直不开窍的刘德虽然觉得小米挺好，但是，他不明白自己能帮上什么忙。最后，雷军只有坦言想邀请刘德加入团队。

对于雷军的邀请，刘德很纠结，他不知道要不要放弃自己在美国的公司。所以，那天晚上他并没有给雷军准确的答复。据说，没有得到答案的雷军还为此失眠了。还好后来刘德想通了，决定加入小米团队，与这些优秀的合作伙伴一起并肩作战。

"小米选择了刘德，刘德也选择了小米。"雷军说："我很庆幸洪峰能把刘德介绍给我认识。刘德现在幸福不幸福我不知道，反正有了刘德，我是非常幸福的，他做得非常出色。"确实，正如雷军所言，负责小米工业设计和小米生态链业务的刘德不负其所望。

在小米团队中，最让人熟悉的创始人就是黎万强。他的加盟，相对其他人也简单得多。黎万强原本是金山词霸的总经理，十余年的共事让他和雷军有着很好的私交。2009年年底，黎万强决定辞职离开金山，于是找到了亦师亦友的雷军。

雷军问黎万强打算做什么，他说想回家开个影楼。雷军觉得他说得太不靠谱了，就要他跟自己一起干。黎万强毫不犹豫就答应了。雷军好奇地说："你知道我要干吗？就这么答应了？"黎万强答道："你要做手机。"就这样，特别了解雷军的黎万强也顺利加入了小米的创业团队。

雷军的团队扩充至此，已经聚拢了各式各样顶尖的人才。但是，唯独把"小米"种出来的直接开发人才迟迟没有到位。2010年的夏天，在三个月的时间里，雷军见了一百多位做硬件的人选。最夸张的一次，他和一个理想人选在7天谈了5次，每次都谈10个小时之久。遗憾的是，最终因为各种原因他们还是无法达成共识。就在雷军几乎要绝望的时候，他遇到了周国平。

对于 55 岁的周国平，雷军本来是不抱任何期望的。但就是这个万般无奈之下迫不得已见的人选，最终让他产生了相见恨晚的感觉。在雷军的办公室里，两个人从中午 12 点一直聊到晚上 12 点。经过这次从互联网到硬件设计、从用户体验到智能手机发展趋势的长谈之后，"种米人"周国平正式加入了小米团队。

随着周国平的加入，雷军的小米创始人拼图终于大功告成。

2010 年 4 月 6 日，北京北四环保福寺银谷大厦一个普通的小房间里，小米公司正式挂牌成立了。那天，黎万强的爸爸起早为他们熬了一锅小米粥送到公司，围在一起喝掉这锅小米粥之后，小米的创业之路就此拉开了序幕。

3. "四无"小米赢得顶级供应商

雷军本人是智能手机的发烧友,从 1995 年到 2011 年小米手机上市发布,他总共用过 53 部智能手机。在使用乔布斯打造的犹如艺术品一般的 iPhone 时,雷军在欣赏之余,还喜欢以行家的法眼去发现种种不足。当雷军发现一大堆苹果手机的问题之后,他的商业细胞一下子被激活了,他想要为在乎性能与体验的用户做一款高端低价并且易于操作的智能手机。

要做出一款性能好、体验佳的智能手机,必须要有一流的软件和硬件系统支持。小米创始人团队大多是做软件和互联网出身的,制造生产显然不是他们的强项,所以,雷军希望小米和苹果一样走代工厂的道路。与此同时，为了实现做顶级配置手机的目标，小米还需要说服像高通、夏普这样的顶级供应商一起合作。

刚刚起步的小米，属于无品牌、无工厂、无销售、无信誉的"四无"厂商。一般情况下，最顶尖的元器件供应商往往都处于供不应求的状态，所以，对于小米这样的初创公司不可能花太多心思。果不其然，小米很快就被全球100强供应商中的85家回绝了。

一开始，雷军对于供货商的拒绝态度还愤愤不平，但转念一想，他明白了其中的道理。手机的很多元器件都是定制的，需要供货方自己掏研发费用，而小米还只是个雏形，供货商不了解小米。为此，雷军和小米团队决定用实际行动打动供应商。

对于小米这种"四无"企业究竟是如何赢得顶级供应商的，瑞士国际管理发展学院战略管理与创新学教授 Howard Yu 在他的文章《小米如何赢得顶级供应商》中给出了标准答案：

第一，小米的一部分高管放下其他事情，重点解决部件供应问题。雷军要求负责日常运营的林斌专注于供应商谈判，而非产品设计。在接下来的 5 个月里,林斌将 80% 的时间花在接触潜在供应商上,开了近 1000 场会。在这一段压力缠身的时期,林斌的体重掉了将近 20 斤。

第二,小米采取了一些特立独行的举措,来展现对潜在供应商的诚意。2011 年 3 月,日本福岛遭遇地震、海啸和核泄漏。两周后,雷军、林斌和刘德飞赴日本,希望与夏普(Sharp)敲定显示屏供应事宜。当时,大多数外国游客逃离日本,小米 3 名高管搭乘的航班除他们外别无他人。夏普高管对三个人表现出的诚意非常满意,也很感动,与三个人从早上 8 点一直谈到晚上 11 点,直到他们会晤的场所——大阪的某家星巴克打烊才作罢。

第三,小米向手机芯片厂商——高通强调了它的非传统业务模式,特别是小米专为自己的手机开发的、基于 Android 的"MIUI"操作系统。MIUI 定制性强,允许数十万名"发烧"用户创造新功能。每周,小米都会发布与尖端用户共同开发的新版本操作系统,响应他们在互联网和在线用户论坛上的反馈,将最有发展前景的功能集成进正式版。这帮助小米维持了较低的研发支出，而且还能每周发布新版本的MIUI。2011年7月，MIUI已拥有了50万用户，其中30万为活跃用户。庞大、忠实的用户群进一步增强了供应商对小米的信心。

雷军和小米团队的积极行动，终于让小米摆脱了被顶级供应商拒之门外的尴尬局面，成功地与三星、苹果供应商的合作也让小米迎来了爆发的契机。

2011年，小米1在上市之后，一直处于火爆销售的疯狂状态。雷军认为，小米手机之所以能让用户"尖叫"，很大一部分原因在于小米同样用了高通处理器和夏普LCD（液晶显示屏）触屏等高质量配件，其价格却远低于同类手机，这无疑超出了用户的预期。

在创立小米之前雷军就发现，人们对中国产品的普遍印象是便宜，但相对品质也较低。那么，中国产品要改变这种形象，究竟应该怎么做呢？雷军曾经说过："你仔细想一想，在你的商业模式和效率跟别人差不多的情况下，如果你的东西便宜，一定是因为你的原材料、供应商，或者某些其他的环节比别人少，如果没有大的创新，理论上大家的成本是差不多的。所以，基于这样的思考，你就会发现中国大部分的产品不好，主要原因其实出在偷工减料上。"认清这点的雷军，在小米创立之初就提出要用第一流的供应商和顶级的元器件和材料。

一直以来，以苹果为榜样，本着打造世界级产品的小米对供应商的要求很高。据悉，从2014年开始，小米每年都要召集供应商大会，与各地供应商加强联系与合作，而这正是小米专注于打造精品的最佳表现。

4. 小米模式＝硬件＋软件＋互联网服务

提起小米手机的热销,有些人认为是小米善于营销,还有些人觉得是小米提出的用户参与感在发挥作用。其实,大部分人所看到的、那些所谓小米成功的原因都只是一种表象。小米之所以实现快速生长的商业奇迹,完全得益于其"硬件＋软件＋互联网服务"的独到的商业模式。

雷军把这种模式称为"铁人三项"。在这套模式下,小米不仅向用户销售硬件,同时还利用互联网的方式,制作人性化的系统，而后在完善的互联网服务中为用户呈现出完整的手机服务。这种以手机为核心的系统服务，恰好能够为用户带来更好的体验。实际上，我们所看到的互联网营销、用户参与感、少就是多等推广方式，其实完全就是将"铁人三项"模式的特点呈现出来而已。

对于小米这套多维度的立体商业模式，很多人觉得不解，对此雷军表示："小米模式，相当于苹果+谷歌+亚马逊"。在雷军眼中，苹果之所以做得如此成功，很大程度上是因为苹果的软件、硬件以及体验都做得很出色；而谷歌和亚马逊的成功是基于互联网因素。受此启发的雷军认为，最好的模式应该是集合这三者的优点。因此，他把"软件+硬件+互联网服务"作为小米发展的路线图。

备受小米用户喜爱的MIUI、小米手机以及米聊，就是在"铁人三项"路线下诞生的产品。在小米的发展过程中，这种"软件+硬件+互联网"的模式，也有了新的变化。

小米硬件

在硬件方面,小米的追求非常简单,那就是做最好的硬件终端。在智能手机领域,小米的每一款手机都追求极致的配置,同时其价格和苹果、三星比也非常具有竞争力。可以说,小米手机一直保持精品与低价的特色。此外,小米的硬件产品也早已不局限于手机,其产品正在逐步丰富中。目前,小米打造的硬件生态链,已经成功推出了小米平板、小米电视、小米路由器、小米耳机、小米音响等众多备受用户喜爱的硬件产品。在"铁人三项"中,硬件是小米发展最为出色的一项。

小米在硬件领域的大获全胜,也为其与"BAT"等互联网企业的竞争建立了一条天然的"护城河"。我们知道,"BAT"都曾推出过自己的手机产品,例如,腾讯的大Q手机、百度和戴尔合作的易平台手机、阿里自建OS的阿里云手机。但是,最终这些手机产品都以失败告终。在这样的背景下,小米硬件业务在与互联网企业的竞争中不仅多了一份自信,同时也拿到了一张王牌。

小米软件

如果小米只有硬件，那么，它不可能以如此快的速度超越其他手机品牌。一直以来，雷军都在强调，小米是一家互联网公司，MI 就是 Mobile Internet 的意思。小米销售的每一部手机、平板、电视等硬件产品都不是孤立的点，它们可以通过小米软件形成一张紧凑的网。这也正是小米不同于其他硬件厂商的地方，小米所销售的硬件其实是在建立自己的移动互联网络体系。

小米软件的代表之作是 MIUI 系统，这套基于安卓深入定制的系统，为小米用户提供了更好的体验服务。MIUI 系统每周都会更新，并根据用户的反馈意见不断改进，将用户的想法反映在系统中，这种亲切感为小米赢得了相当数量的用户。通过 MIUI，小米可以掌握用户的多种使用数据，也可以向用户推送信息。这与腾讯的功能有一定程度的相似——腾讯的增值服务就得益于其强大的信息推送功能。从这一角度看，全国可以向 1 亿用户随时推送信息的公司，除了三大运营商，也就只有腾讯和小米了。

小米互联网服务

小米想要拥有更大的市场、更好的发展前景，就一定要发展其互联网服务。米聊曾经是小米互联网服务的代表作。作为一款网络沟通工具，小米曾经打算将其作为重点产品来推广，遗憾的是，因为微信的出现，米聊最终只能以失败告终。

2012年，在第四届全球移动互联网大会上，雷军就曾表示："作为一个曾经跟腾讯竞争过的人，我深知腾讯的厉害。当时我们做米聊的时候曾经考虑过腾讯的动作，我们判断，如果腾讯也要推出这样的产品，可能需要6个月的时间。但是我们低估了腾讯的实力，它两个月就推出了微信。"雷军的这番话不仅表达了他对米聊的遗憾之情，同时，也让人们看到了他对互联网服务的兴趣。

米聊的失败，虽然让小米错失了网络服务的领先地位。但是，小米在电商服务领域依然保持一定的优势。小米硬件的品质和高性价的特质，就是小米电商平台的核心竞争力。随着小米生态链的发展，小米电商在未来将有很大的发展空间。

从小米的发展历程来看，"铁人三项"产生了一定的互补效应。其中，软件是小米的最强项，其MIUI系统也被业内认为是最好的应用层操作系统；硬件则是小米的得分项，高配低价的策略为小米赢得了大量粉丝，这也成为其抢占互联网入口的重要工具；互联网服务作为小米的弱项，当前还没有大的突破，但是，用户并未因此放弃小米，这在很大程度上得益于"铁人三项"模式的互补效应。

目前，小米通过硬件作为互联网入口，随着小米生态链产品的增多，这个入口越重要，其价值也越来越高。当小米的生态链逐步丰富与完善后，小米也就突破了"手机公司"的狭窄估值，其产品组合的宽度和深度都将得到更合理的调整。从小米路由器到小米音响、再到小米空气净化器等新的智能终端，小米构建的产业链与生态圈将把小米带向全新的世界。

5. "中国的苹果" or "世界的小米"

1987年,刚刚进入武汉大学的雷军无意中看到了《硅谷之火》这本书,书中那个敢和比尔·盖茨作对的IT英雄乔布斯点燃了雷军心中与众不同的梦。就这样,因梦想而伟大的乔布斯,开启了雷军创办世界级公司的追寻之路。

雷军对乔布斯的崇拜与喜爱之情,在他的微博上体现得淋漓尽致。2011年8月16日,在小米手机的发布会上,身着黑色T恤与蓝色牛仔裤的雷军,更是以实际行动向这位伟大的偶像致敬。也就是从那时起,雷军得了"雷布斯"的称号,小米手机与苹果手机也开始了一场模仿与超越的"较量"。

在小米手机上市之初，一些人已经从小米手机上发现了苹果的影子。

首先，小米的"铁人三项"，软件、硬件与互联网服务融为一体的模式，与苹果硬件与软件完美融合的策略极为相似。我们都知道，苹果手机的精髓就在于硬件和软件之间天衣无缝的结合，这也让其使用体验远远超过了当时市场上所有的Android手机。此外，苹果通过App Store建立的生态系统，更是让其依靠销售手机应用赚取了可观的利润。

其次，为了能够像苹果一样，为用户提供更好的体验，小米MIUI的设计也非常用心。很多人在拿到MIUI系统手机之后发现，其不只是Android原生风格，而是一个披着iOS外衣的Android机器人。MIUI放弃了Android桌面和应用两套系统的做法，将所有的应用均放置在桌面上，这种能带给用户更好使用体验的做法，可以说小米学习得非常到位。

此外，MIUI的扁平化设计、图标的拟物化等也和苹果的iOS系统极其相似。当然，小米除了学习以外，同样也有自己的创新之处。在雷军眼里，MIUI是一个"活系统"，它能像互联网产品一样，可以随时接收用户反馈并快速进行迭代更新。小米用户的任何反馈意见，都可以直接在论坛中递交，MIUI团队会对每个递交的改进点进行初级判断，并按照优先级别列入系统改进的排序列表中。就这样，通过听取小米用户的意见，MIUI系统每周进行更新，不断改进，努力成为最适合中国人使用的安卓系统。

雷军对乔布斯的崇拜、对苹果手机的钟爱，以及小米手机与苹果手机种种相似之处，给人造成一种"雷军正试图在中国复制一个乔布斯的苹果"的印象。一时之间，关于小米将成为"中国苹果"的报道屡见不鲜。

雷军的梦想是像乔布斯一样，希望能为世界带来一些改变，但他并不想成为乔布斯的影子，所以，小米绝对不是"中国的苹果"。雷军曾对外表示："互联网行业的规律是，击败雅虎的不是另外一个雅虎，是谷歌；击败谷歌的是Facebook。做中国的苹果根本没戏。再看长久一些，你会发现小米和苹果走的是完全不同的道路。"

正如雷军所言，小米的生态系统发展之路确实有别于苹果。众所周知，苹果聚焦于iTunes服务，围绕平板电脑、PC、智能手机系列产品进行服务。小米则致力于构建一个庞大的物联网系统。在这套系统下,用户通过小米手机就能够控制家里的小米路由器、小米净化器、小米音响等。为了更好地实现这一目标,小米开始打造新的生态系统。

小米的生态系统团队通过与外部公司的合作,为生态系统产品提供基金。一般情况下,小米不会全面控制这些公司,而是鼓励这些公司的创始人去创业。这些硬件创新公司通过与小米签订独家合同,将产品的销售交给小米来做,而他们的回报就是利用小米的供应链和营销资源,甚至还有小米的工业工程师。从2017年小米生态链销售额达200亿元这个数字来看,小米在生态系统的发展之路,可以说是非常出色的。

回首小米的发展历程,谁都无法否认,小米是在向苹果学习的过程中逐渐成长起来的。但是,一味依靠学习、模仿,永远无法让小米成长为像苹果一样伟大的企业。2013年,雷军表示:"从今年开始,小米公司要突破乔布斯定义的智能手机框架进行创新,并通过中国香港和台湾地区试水,正式开始在中国做世界市场的梦想。"

2014年,中国的小米逐渐变成世界的小米。印度,是小米试水国际市场的第一站。对于小米迈出国门、走向世界的大胆之举，不看好的人不在少数。其中，有人认为小米的梦太远太大，注定以失败告终。但"因梦想而伟大"的理念，最终让小米美梦成真。

2016年，小米在印度实现了超过10亿美元的年收入，其在印度智能手机品牌的排行榜上也成功跃升三甲之列。2017年第三季度报告显示，小米的出货量达到920万部，成功地超越了三星，成为在印度排名第一的智能手机品牌。

目前，小米的销售版图已经拓展至全球60多个国家，在印度、乌克兰、缅甸、以色列等13个国家，其销量均进入前五。小米作为一家中国互联网企业，能在国际市场取得如此出色的成绩，实属不易。

乔布斯的苹果确实在许多方面改变了世界，但苹果高高在上的价格，注定无法让更多人体会到科技的乐趣。雷军和他的小米从来就不打算做"中国的苹果"，因为，他们的目标是让全球更多的人能够享受到中国科技带来的改变。

第二章 因"偏执"而不同

1. 颠覆，从互联网思维开始

1999年，互联网技术迅速崛起，当时还在金山工作的雷军，被来势汹汹的网络浪潮狠狠地拍在了沙滩上。"在互联网面前，原来我们还觉得自己是高科技、是知识型经济，等互联网来了，我们觉得我们一瞬间就变成了传统企业。"

当互联网在商业领域发挥其巨大影响力的时候，雷军反复思考着，究竟什么是互联网？那时，雷军认为，互联网和蒸汽机、水、电一样，是带来生产力提升的有效工具。之后，一心想带领金山向互联网转型的雷军还创办了卓越网，但这显然不能解决金山的问题。与此同时，雷军还发现，无论他如何努力，如何勤奋，都无法和真正的互联网公司竞争。

在卖掉卓越网以后，雷军开始意识到，"互联网不仅仅是工具，如果你只把互联网当作工具，那么我们对互联网的理解还处于表面。互联网其实是一种全新的思想，它用完全不同的思想来看待业务、看待市场、看待我们的用户。它是一种完全不同的理想"。

在创立小米之初，雷军决定给小米插上"互联网的翅膀"。此后，小米就成了以互联网思维打天下企业的代表，雷军也成为互联网思维的推动者和"形象代言人"。雷军认为互联网的核心是"专注、极致、口碑、快"，这七个字也被称为"七字诀"。

可以说，小米是互联网思维的产物，而这种思维模式也让小米成为行业的颠覆者。接下来我们就一起看看，小米是如何通过"专注、极致、口碑、快"这"七字决"快速占领市场的。

专注

在苹果手机进入中国市场之前，一般的手机公司一年都要新出50—100款手机，这看上去是给用户更多选择的机会，其结果只是给用户增加选择障碍而已。其实，制造厂家与其花心思去丰富产品型号，不如把精力集中在一点上，因为只有专注、集中才能够做到足够好。

所以，苹果只做一款手机，小米手机同样也只做一款，小米电视亦如是。因为专注，所以，小米在每一款产品所下的功夫都比别人多。

极致

在小米的世界里，极致就是全力以赴，不给自己留退路。小米在做任何产品时，都要求自己做到同行所不能达到的高度。互联网领域的竞争是无比残酷的，小米只有让自己做到极致，才能成为最后的赢家。

为了更好地体现"极致"精神，小米的产品一上市就卖成本价。在今天的互联网市场上，新闻、搜索、邮箱、通信工具等，所有核心服务都是免费的。"当我们今天来做硬件的时候，方法很简单，别人的东西是多少钱我们就卖多少钱，我们自己的工作、我们自己的运营成本不要了,全免费。"所以,市场上通行的运动手环售价在千元上下,小米手环却只要79元。

口碑

在谈到小米的口碑时,雷军用海底捞的故事来说明要如何营造口碑:

在海底捞吃饭,服务员送上的一盘西瓜没有吃完,食客想要打包带回家,服务员果断地表示拒绝。当食客去结账的时候,服务员送上了一整个西瓜,并告诉食客已经切开的西瓜打包不卫生。

雷军说这种用细节打动用户的行为,就会形成口碑效应。

在小米正式成立后,发布的第一款产品是小米手机系统MIUI,小米团队用了一周时间才找到100个用户。雷军说:"不要着急,慢慢来,这是因为我们没有任何的宣传。"接下来,第二周200人,第三周400人,第四周800人,就像是滚雪球一样,"口碑传播的速度,远远超过大家的想象。口碑不是厂商自己觉得我们的东西又好又便宜,口碑是跟用户的预期相比较的"。

快

互联网是一个快速发展的行业，每天都有新的事物产生，用户的需求变化得非常快，竞争也很激烈，一旦速度跟不上，就会被淘汰。在企业快速发展的时候，风险往往是最小的，也会掩盖很多问题，所以，雷军决定让小米以更快的速度发展。

很多人觉得小米的增长过于快速。其实，在互联网公司，尤其是早期没有做到100%成长的公司，倍数成长是互联网公司的基本原则。这种快速增长不仅仅是业务上的，同时也包括对用户的服务反应。

在雷军的带领下，"小米"的每一个毛孔里都流淌着互联网思维的血液，也正是这种全新的思维方式，让初创的小米有了颠覆整个行业的实力与能力。

在小米进入手机行业前，传统手机品牌只思考成本和定价，对于产品的品质和个性化需求以及使用体验关注得很少，小米的互联网思维，在提升手机品质、提高用户使用体验的同时，拉近了与消费者距离，这种"亲密接触"的感觉，就是小米互联网思维的"翅膀",其带来的口碑效应最终让小米飞得更高、看得更远。

雷军的小米虽然是一家互联网思维下的科技公司,但雷军更为关注的是中国制造企业。雷军希望改变中国制造业的现状,而他能做的就是以互联网的方式推动制造业的转型与升级。

2. 粉丝：始于"性价比"，陷于"参与感"

提到小米的成功，很多人会把功劳归于"粉丝经济"。确实，玩转"粉丝经济"的小米，让国内众多品牌即羡慕又忌妒。那么，为什么小米能够形成如此庞大的"粉丝团队"呢？是因为雷军的个人魅力？抑或是小米本身所代表的"发烧"文化？在每个"米粉"心中，答案可能都一样。

其实，说起品牌的"粉丝经济"，就不得不提苹果。相信很多人都记得苹果手机发售时彻夜排队的"果粉"有多疯狂。"果粉"大多是从 iPhone 接触苹果，通过情感认同再延伸消费到苹果的电脑、iPod、iPad上,"果粉"以对苹果产品品牌的执着追求而著称。事实上,雷军本人就是一名忠实的"果粉"。

"果粉"对苹果的狂热追求,不仅因为苹果提供了良好的产品体验,他们更在意苹果高要求的工业设计所带来的感官体验,可以说"果粉"对苹果的崇拜是一种美学崇拜,这也让苹果品牌成了重要的流行元素。小米手机对极致的要求、对专注的追求,在某种程度上是向苹果致敬。但小米手机想要达到苹果手机的境界,还有很长的路要走。所以,小米手机要累计粉丝,不可能走苹果的老路。

作为"果粉"的雷军非常清楚粉丝的力量,但既非"实力派"也非"偶像派"的小米究竟要如何撬动"粉丝经济"的市场呢?其实,雷军的策略很简单:以让用户尖叫的品质,打造高性价比的口碑,顺理成章地赢得用户的青睐。再之后,通过营造用户参与感的氛围,进一步拉近与用户之间的距离,顺利地把用户变为粉丝。

"米粉"关键词：高性价比口碑

在小米的产品思维上，雷军一直用两个极致的标准来衡量小米的行为：第一，用户会不会为小米的产品尖叫；第二，用户会不会真心地把小米的产品推荐给朋友。为此，一方面，在产品上，雷军一直通过精益求精以及"顶配""首发""低价"这样的词语来不断引发用户的尖叫；另一方面，通过超越用户预期的品质与服务来赢取口碑。

在小米上市之初，其所发布的几款手机，每一款在当时都是业界的最高配置。例如，小米1采用的是国内首家双核1.5芯片，其定价只有1999元的中档价位，性价比超出了消费者的预期；小米2则采用四核高性能芯片，首款28纳米芯片，在当时主流机器的内存都是1G时，小米2将内存标准提升到2G。作为当时的"最高配置"，其价格依然是1999元的中档价位。

小米上市之前，国内智能手机市场有两种状态，一种是高价格、高性能，比如苹果、三星；另一种是低价格、低性能，比如以中兴、酷派为代表的国产手机品牌。小米采用高性能、低价格的差异化路线，打破了原有的市场格局，同时也迅速让用户为小米的品质尖叫，为小米的高性价比折服，进而形成了口口相传的口碑效应。

在以口碑为王的互联网世界里，小米一直在努力经营品牌的口碑。但是，赢得好口碑的前提是拥有好的产品，好的产品才是好口碑的发动机。如果说产品品质是1，品牌营销都是它身后的0，没有前者后者全无意义。因此，小米的口碑靠的不是宣传，而是让用户尖叫的性能和高品质背后的低价格。由此看来，高性价比的口碑传播才是小米快速赢得用户青睐的根本所在。

"米粉"关键词：参与感互动

如果说让用户尖叫的品质和价格，是小米口碑传播的基础。那么，参与感就是引爆小米社会化营销的催化剂。

产品要树立口碑，需要立足用户，从用户的角度和观点出发进行生产，更为重要的是，一定要让用户参与进来。要与用户建立如同朋友一样的信任关系，品牌与用户相处就是要做到分享和参与，让用户有主人翁的感觉，才能实现用户和品牌的共同成长。

为了让用户更好地参与到小米的产品及服务的过程中来，

最初的时候，小米员工每天都有一项极其重要的工作，就是泡论坛，找人聊天，广泛地搜集手机论坛上"米粉"反馈的信息。当时，雷军每天都会花一定时间到论坛上亲自解答粉丝的提问。

为了让用户在使用小米的过程中体会到真正的参与感，小米做了很多工作。

"因为停电被困在黑暗的电梯里，在手机上却找不到手电筒图标。雷总，能不能添加容易找到的手电筒功能呢？"这是"米聊"中一位用户向雷军提的意见。很快，MIUI新版块中就添加了手电筒功能，只要摁下常用的Home键，小米用户就能打开手机的手电筒。

在试用小米手机过程中，小米团队也坚持在第一线和米粉交流，第一时间获取新的建议，尽快进行改进。雷军倡导组建"荣誉开发组"，这个组最初由120名自愿申请的发烧友组成，在MIUI每周升级的节奏中，周五发布新版本，周六到周一MIUI团队收集反馈，修正漏洞，周三又将更新的版本交给荣誉开发组的成员测试，不断修改，周五下午5点再向外界发布。就这样，整个过程都由10万用户驱动，最大限度地贴近用户的同时，也大大提升了用户的参与度。

随着移动互联网技术的发展，用户开始追求更个性化的产品与服务，与此同时，用户参与正成为一种生产消费的新趋势。从用户在企业中角色的改变来看，用户参与企业的发展是无法避免的，甚至是不可或缺的，鼓励用户参与、提升用户的参与感已经成为一种前沿的竞争战略。

"米粉"关键词："雷教主"魅力

雷军在创立小米之后被贴上了"中国乔布斯"的标签。在此之前，他是仅用两年就修完大学全部课程的学霸，他也是带领金山实现IPO的英雄，他还是成功的天使投资人，可以说，雷军身上从来就不缺少光环。正是雷军的个人魅力让一批技术和创业爱好者成了小米的忠实粉丝。

如今，随着小米的发展，雷军已经从"雷教主"变身为第一网红企业家。雷军一直有"科技圈劳模"之称，为自己产品代言、发单曲等，露脸率极高，再加上个人魅力，雷军已经成为名副其实的网红企业家。随着雷军的"走红"，相信小米粉丝的团队也将更加壮大。

3. "饥饿营销"是伪命题还是真意图

"如果你没有在等待名单上排过队,就不算是一个合格的奢侈品粉丝。"通过这句经典名言你可以判断一个人是不是奢侈品爱好者。同样,如果你没在网上抢过小米手机,就不算是一个合格的小米粉丝。

想要购买一部小米手机,其难度绝对不亚于购买刚刚发售的苹果手机。预定、抢购、排队……即使你经历了以上漫长的等待,也不一定就能顺利地拥有小米手机。在消费市场上,这种欲擒故纵的营销方式被称为"饥饿营销"。在智能手机领域,苹果的"饥饿营销"是最成功的。

2010年，iPhone4发布之前，苹果公司只表示新一代iPhone即将面世，其他关于新品的一切都避而不谈。之后很长一段时间，几乎没有任何关于iPhone新品的消息。当消费者极端渴望从任何渠道获得产品信息时，乔布斯现身苹果开发者大会，并对新品做了隆重的发布介绍，称其为"再一次，改变一切。"之后，随着iPhone4的上市，各种广告铺天盖地袭来，被吊足胃口的消费者，此时就像在沙漠中看到绿洲一样热情高涨，纷纷抢购。但是，无论消费者对iPhone4的呼声有多高，苹果始终不紧不慢，在下一款更新的产品上市前，不时地让消费者在缺货中等待着。

同样经历"千呼万唤"的小米手机，同样一机难求的火爆销售，被冠以"饥饿营销"的小米一时间成为关注的焦点。很多人佩服雷军和小米团队的善于营销，在竞争如此激烈的手机制造领域，小米的"饥饿营销"让其成为供不应求的销售奇迹。

当外界把"饥饿营销"看作小米成功的核心因素时，雷军却一再否认小米与"饥饿营销"的关系。2013年9月，在接

受凤凰财经《总裁在线》的记者采访时,雷军就备受争议的"饥饿营销"给出了以下解释:

主持人权静:为什么你们的供货量总显得不够?

雷军:我觉得还是因为需求远远超过了我们的生产量。其实小米2系列2012年10月底才上市,不到11个月的时间就已经售出了一千万台,这是一个很大的量。在高端手机里,这是一个非常大的量了。虽然供应了这么大的量,消费者还是觉得买不到。可能10个月供应一千万台不够,可能我们应该是三个月、五个月就供应一千万台。但是我希望大家理解,小米是个刚做了20多个月的小公司,它不是那些经营了十年八年的、财力非常雄厚的、规模非常大的企业。它需要时间。

主持人:那你们干吗不多生产一点呢?

雷军:这说起来是很简单的事情,做起来却很难。为什么这么讲呢?手机的核心元器件需要提前四个月订货。四个月前就要进行预测,但四个月前我完全不知道小米二代卖了一年时间还这么畅销,这是没有人预测得到的。昨天我跟几个同行在一起聊天,他们说没有办法想象小米2S还能这么畅销,这反过来也证明我们在产品的品质、易用性、口碑上面极为出色。

主持人:下次你们预测的时候,是不是可以更大胆一些呢?

雷军:对小米这样的公司来说,其实经营风险压力还是很大。可能大家对我们整个产业链不是特别了解,我不知道大家注意过没有,像微软做了Surface,一个季度库存减值九亿美金,这两天在公布黑莓库存减值又是十几亿美金。所以当你准备了大量的货,万一你预测不准,公司就很容易翻船。

主持人:你们没有他们那么悲观吧?

雷军:我们当然不会,但是对于小米这样的公司,我们的体质还没有那么强壮的时候,我觉得在订货上的稳健是保持公司持续发展很重要的原因。所以,大家一定要理解,小米是一个很小很小的只有两三年的公司。如果我们冒进的话,可能大家购买手机是比今天容易,也有可能这个公司一不小心就翻船了。

主持人:所以为了控制风险,你一直顶着"饥饿营销"这样的误解?

雷军:我觉得控制风险是很重要的原因之一,不是全部的原因,是很重要的原因。提前四个月订货,大家有没有想过我们现在销售额已经是一个天文数字了,那我们还得有足够的资金能订这么多货,这也是很难的问题。有人说,你能不能第一个月就生产一千万台,我们先不说能不能生产出来一千万台,大家帮我算一下账,这一千万台需要多少钱,资金要提前三四个月准备好,我卖出去我才收到钱,这三四个月的风险谁来扛?

还有,很多人对生产一千万台到底需要多长时间没有概念。我们就不考虑商业供应链的问题,单考虑组装厂。一条线上就有四五百个功能,一条线一个月只能生产十万台,这个光组装线,生产一千万台差不多就要一百条线。一百条线,就得5—6万人组装、包装,这也是一个天文的数字。这么多的工厂、这么多设备、这么多工人训练出来都不是一件容易的事情。我觉得这一点上大家一定要理解,我们跟苹果和三星真的是还有巨大的差距。哪怕就是苹果、三星在他们新产品刚上市前几个月也是断货断得一塌糊涂,这是整个消费电子行业的困难。

很显然,雷军并不认为小米的销售模式是"饥饿营销",起码小米不是有意为之。为此,雷军曾多次向媒体澄清并一再表示,小米只是一家刚刚起步的公司,为了降低风险无奈地选择"饥饿营销",他希望媒体和用户能体谅小米"迫不得已"的选择。

我们不得不承认,雷军是制造悬念的大师,也是心理战的高手,小米的"稀缺"确实给用户制造了一种可遇不可求的错觉,也正是这种感觉让小米在初期能够快速"上位"。但是,如今的小米已经走过了成长期,可小米手机的缺货问题,似乎并没有得到很好地解决。对此,小米的粉丝表示出强烈的不满。在瞬息万变的市场和一言不合就"粉转路"的用户面前,小米的"饥饿营销"还能走多远,我们只能静观其变。

4. 因定位而赢，为发烧而生

所有熟悉雷军的人都知道，他是个"手机超级发烧友"。还在金山时，雷军就喜欢琢磨、研究各种手机，哪款手机系统好，哪款手机配置高，哪款手机设计强……对此，雷军可谓如数家珍。作为典型的理工科男生，雷军看手机的角度与他人不同，比起手机的设计，他更在意手机的性能与使用体验。但在当时的手机市场上，这种"发烧友"级的手机寥寥无几，而且价格高得离谱。

当雷军有机会做自己的手机时，他首先想到的是"我能不能为非常在乎性能、体验的20—30岁的理工科男生做一款手机,让他们发自内心喜欢这个东西?"在这个想法的基础上,小米为"发烧友"打造手机的定位初步形成。

在小米上市以前,MIUI 系统就已经研发出来,当时这个以 Android 为原型的优化系统专供手机用户刷机使用,而刷机被认为是"发烧友"才会做的事,所以 MIUI 可以说是"为发烧而生"。2011 年,小米 1 上市发布,雷军将其定义为"发烧友手机",自此,"发烧"一词成为小米公司的标签。

小米的 MIUI 系统"为发烧而生",小米手机顺理成章也就有了"发烧"的定位。"发烧"可以说是一个非常酷的词,它既标榜了自己产品的特色,又体现了用户对产品的狂热和痴迷。小米以"发烧"定位自己的产品确实让用户眼前一亮,借助这样一个个性十足的标签,小米迅速占领了媒体的版面和用户的内心。同时,差异化的另类定位,也让小米后来居上,迅速地从手机品牌中脱颖而出。

小米"发烧"的定位其实不只是一句口号,小米手机的配置完全担当得起这个称号。

小米 1 采用高通 MSM8260 双核 1.5GHz 主频 CPU,雷军称之为"全球主频最快的智能手机"。小米 2 以及随后的 2S，配备了 2GB RAM 和 16GB 机身内存，新一代背照式 800 万像素主摄像头，近乎完美的配置，一下子就将小米推到了国内一线顶尖手机品牌的宝座上。小米 3 首次采用了双平台的配置，除了仍然采用高通平台系列的最高端芯片骁龙 800 外，同时还采用来自英伟达的 Tegra 4 四核芯片，前者为联通和电信版本，后者为移动 TD 版本。

从小米 1、小米 2 到小米 3，小米手机的处理器、运行内存都具有领先优势。所以，小米"发烧友手机"的定位可谓名副其实。但是，随着市场需求的变化和小米生态系统的发展，"只做发烧友手机"的定位显然已经无法满足小米未来的市场走向。

2014 年 7 月，在小米 4 的发布会上，雷军向世界传达了小米新的定位，只是这次不再"发烧"，而是"让每个人都能享受科技的乐趣"。

在用户心里，为"发烧而生"的小米，必然是高配置、高性能、高性价比的。但是，随着千元机市场的爆发，小米不可能再固守原有的市场，顺势推出配置与价格相对更低的红米手机是一种必然的选择。与此同时，随着小米生态系统的逐渐成熟，"发烧"二字显然已经不能一概而论地用来解读小米旗下越来越多的产品了。正是基于上述两个原因，雷军才实时地升级了小米的品牌定位。"让每个人都能享受科技的乐趣"，更宽泛、也更能向广大用户展示小米的未来蓝图。

小米的目标是建立一个由海量用户支撑的庞大互联网生态系统，每一台小米手机、红米手机、小米电视、小米路由器、小米手环都是这个生态系统中的一员。通过这次定位升级，小米已经从当初卖智能手机的新锐品牌，完成了向硬件、软件、服务甚至电商平台发展的华丽转身。

5. 不走寻常路，开启社会化营销新时代

几年前，如果有人问，一个品牌要想以最快的速度进入消费者的视野，都需要做些什么？相信很多人给出的答案会是打广告……广告投得越多，传播速度越快，传播效果越好。但是，当小米横空出世之后，越来越多的人开始意识到，社会化营销已经成为最有效的传播推广手段。

在全新的移动互联时代，信息不对称被消灭，消费者迎来了主权时代，人们接触信息的方式也发生了变化，品牌自说自

话的广告已经无法打动消费者,那些运用传统手段营销的品牌,在付出巨大的努力之后,却无法收获理想的效果。在这种大背景下,雷军和小米团队选择的社会化营销再一次证明了小米的智慧。

小米的市场定位是高端低价,但要打造出"鱼与熊掌"兼得的产品,雷军只能在营销和渠道上尽可能地降低成本。没有营销预算不要紧,小米还有互联网思维。另辟蹊径,通过"触网"开启社会化营销新战场的小米,不仅大获成功,同时也给整个市场的营销推广提供了一个很好的思路。

随着移动互联网的发展,微博、微信等社会化媒体已经成为品牌推广的加速器。社会化营销传播的势能是之前小众口碑传播的一千倍、一万倍。用户们不需要面对面,甚至不需要相互认识,就可以通过微博、微信等社会化媒体工具,把产品的优点、缺点全部扩散开来。通过社会化营销传播这条路,小米这个全新的品牌才有机会在短短两年的时间里,快速地创造了一个又一个销售奇迹。

接下来,我们一起回顾一下,小米是如何打响社会化营销之战,开启全新的营销时代的。

社会化营销阵地:论坛

论坛是小米用户早期重要的集合地。小米做论坛的方向是用户俱乐部、更是用户的家。在小米论坛上,用户可以围绕小米手机写出大量的内容,可以吐槽小米手机的某些缺点;可以分享小米手机的刷机历程;也可以发起酷玩小米手机的种种活动。经过多年的发展,小米论坛从最初的一个工程师发展到现在庞大的工程师团队,从几十个用户发展到2000万的注册用户,从几百条的发帖量到超过两亿条的发帖量。

社会化营销阵地:微博

微博是小米社会化营销比较重要的战场。最初,小米对微博的定位是客服作用,很快小米就发现,微博的宣传效果超出想象。从2009年起,新浪微博活跃度持续提升,2011年和2012年达到高峰,小米迅速抓住这个机会,利用微博成功展开了一系列具有轰动效应的推广活动。

小米在微博上的第一个活动是"我是手机控",让大家都来秀一个自己玩过的手机。另一个经典案例是"盒子兄弟"。小米为了显示手机包装盒的质量,找了两个胖胖的内部员工站在一个小小的盒子上,这张照片极具喜感。随后照片被网友恶搞,把这照片搭配到各种背景里,"盒子兄弟"一夜之间走红互联网。

小米微博活动最经典的案例是"小米手机青春版"。2012年,在青春版手机发布前大概一个半月的时候,小米团队开始在微博预热一个叫"150克青春"的话题:放了一系列的插画,内容大致是大学时代的经典场景,有男生版、女生版的各种象征青春的东西,但就是不公开150克到底指的是什么。这个话题大概发酵了一个半月,掀起了一阵年轻人怀旧的浪潮。

社会化营销阵地:微信

微信的特点比较突出,就是面对面,不像微博或者空间,是一群人在发声,没有统一的声音。小米在微信上可以做售后服务,可以推广新产品,还可以玩游戏。总之,微信是微博的一个补充,能够让用户多一个渠道和小米走得更近。

小米公司根据微信的信息传播的重要特点,推出了一系列创意营销活动,如2013年4月9号米粉节发布会当天,小米在微信上做了一个"大家看发布会直播"的抢答活动,具体规则是每10分钟一轮抢答,每一轮送出一台新品小米手机。活动开始后两个小时内就有了280万消息互动量,当天增加了18万微信粉丝。

社会化营销阵地：QQ空间

QQ空间是年轻人聚集的场所,小米选择QQ空间作为传播媒体,主要是针对25岁以下的年轻用户。QQ空间里发表的内容,外部链接的点击率更高。这样,大量的点击链接进入到小米官网,会为小米官网带来巨大的流量。

小米在QQ空间的经典案例是红米系列手机的预约活动。小米认为QQ空间上聚集的对价格和性能敏感的年轻人正好与红米手机的目标用户相切合。于是,小米在QQ空间上展开了规模浩大的红米手机预约活动。仅仅30分钟时间,就有超过

100万用户参与红米手机的价格竞猜活动。红米开放预约后,三天内就有超过500万用户参与预约。2014年3月,小米手机和QQ空间联合发布红米Note手机,预约用户超过了1500万人,粉丝数激增到1500万。

在小米的互联网思维体系中,社会化营销是非常重要的一环,也是其成功的关键。对此,小米副总裁黎万强曾表示:"小米手机有70%的销量是通过互联网完成的,剩下30%是来自运营商。如果再进一步细化,小米有50%的产品是通过微博、论坛等社会化渠道最终转化为购买的。"可以说,社会化营销成就了小米崛起的奇迹,同时,小米也让市场见证了社会化营销的力量,从而开启了一个全新的营销时代。

6.小米的"免费"大餐

2011年8月16日,北京798艺术区的小米发布会现场热闹非凡。平时,这里是朴素和大气的厂房群落,是化妆品、奢侈品、服装品牌等举行发布会的最佳场所。今天,这里是小米从互联网世界走向真实世界的舞台。

身着黑T恤和深蓝牛仔裤的雷军走上舞台,信心满满的他手持小米手机向世界宣告:"我们是一家融硬件、软件和服务于一身的公司,我们要做一部最好的手机。小米手机是全球触屏最快的手机,iPhone4这样的主流手机是单核1G的,今天市场上卖的大部分智能手机都是单核1G的,小米手机比这些手机的触屏速度快200%。"

随着雷军翻过一页页PPT，现场的气氛越来越热烈，当屏幕上显示这部手机定价1999元时，台下顿时沸腾起来。

采用高通8260双核、11.5GHzCPU，并拥有1GB的RAM顶级配置的小米，竟然只卖1999元。小米手机这种几乎以成本销售产品的模式也被称为"免费模式"。

一般来讲，"免费模式"是指商家利用大众乐于接受"天上掉馅饼"的心理，借助免费手段销售产品或服务建立庞大的消费群体，塑造品牌形象，然后再通过配套的增值服务、广告费等方式取得收益的一种新商业模式。

得益于这种"免费模式"，小米打破了原有中国智能手机市场的销售模式，实现了口碑传播，成功地以互联网盈利模式赢得了市场认可。为什么小米手机在早期敢于为粉丝献上"免费"的大餐呢？实际上，小米早期基本上不靠硬件赚钱，主要是为了吸引粉丝数量，一旦粉丝数达到了数百万、上千万的量级，小米公司就可以通过向粉丝群体提供后续的产品和附加服务，以获取利润，这正是典型的硬件免费策略。

小米创下高速增长的奇迹，依赖于小米的"免费模式"，这让小米占据价格优势。此外，小米互联网思维的品牌营销策略，也让小米获得了良好的口碑，从而建立起庞大的粉丝群。其实，"免费模式"与互联网的品牌营销策略是相辅相成的。一方面，"免费模式"推动了小米口碑的形成，同时也增加了"米粉"的数量；另一方面，良好的口碑和庞大的粉丝团队，又推动了小米"免费模式"的实施与延续。因此，这种互推互利的方式使得小米的"情感价值"为产品带来更大增值，让小米绕过第三方销售渠道直接面对消费者，在很大程度上减少了门店成本等费用。

小米的"免费模式"取得成功之后，许多跟进者开始纷纷效仿，华为、联想、魅族等品牌相继推出了"优质低价"的手机产品，希望在竞争越发激烈的市场中以此赢得用户，并在巨大的市场份额中分得一杯羹。但是，单纯依赖堆砌硬件，疯狂比拼处理器、摄像头、屏幕像素配置，靠手机的高配低价来吸引用户，并不是长远之计。未来的商业模式显然不是靠硬件赚钱，产品形态变革很快来临。在这种形势下，小米的"免费模式"毋庸置疑也将面临挑战。

成长篇：在竞争中，低调坚守

第三章 成长的"烦恼"

1. 专利陷阱,小米的"成人礼"之痛

成长无论是对个人,还是对企业,都需要时间。在岁月的洗礼下,经过积累、沉淀之后逐渐成熟的过程,才是成长的必经之路。小米的成长似乎打破了时间的限制,在最短的时间内,实现了最快速的成长。小米创造了成长的奇迹,但在奇迹背后,等待小米的不只是光环,还有快速成长必然要付出的代价。

低价位、高配置是小米快速发展的关键要素,小米之所以能维持低价,原因就在于,其早期根本没有为技术创新埋单,这也让小米不可避免地陷入了国内外的专利纷争之中。在小米

创业初期，其申请的专利数量少得可怜，而在手机行业的发展中，专利已经成为手机品牌之间博弈市场的重要工具。

2014年，小米在印度设立分公司。其间，爱立信要求小米为搭载有与爱立信存在专利冲突的处理器支付费用，小米并未就此做出回应。随后，爱立信在印度提出诉讼，并提出诉前禁令：在解决专利纠纷前，小米不得在印度销售相关产品。之后，小米在印度停止销售，并关停官网网页。最后，经过斡旋，印度德里法院授予小米"临时许可"，小米基于高通处理器的红米手机1S才被允许继续销售，而刚刚在印度上市的红米Note仍不得销售，因为，后者搭载的正是与爱立信有专利纠纷的处理器。

实际上，小米面临的专利纠纷不只是发生在海外市场，在国内，小米也曾连续遭遇专利纠纷。华为、中兴、酷派都在国内向小米厂商发出过专利律师函，格力电器董事长董明珠在公开演讲中甚至宣称小米侵犯他人的专利是一种"小偷"行为，这席话更是将小米推向了舆论的风口浪尖。

小米的专利问题并不单单存在于手机产品，小米生态链的产品同样存在问题。2014年，小米的空气净化器陷入了专利纠纷。日本巴慕达公司称，小米空气净化器无论从外观、内部结构和宣传文案上都与其发布的AirEngine（安之风）空气净化器高度相似。

对于小米的专利问题，雷军有自己的看法。他认为专利在普通的消费者眼中应该是创新，是核心技术。但事实上，很多专利确实在滥用和阻碍创新。现在，大量的专利都是"陷阱"，看谁能"挖坑"，能让别人掉到"坑"里面。雷军还曾表示，小米崛起的时候，发达国家已经挖了40万个"陷阱"，但真正有价值的创新并不多。可能普通消费者对于这个问题不是特别理解，但这是游戏规则，当年苹果做iPhone的时候也被各大巨头因为专利问题告得一塌糊涂，也是付出了天文数字的代价。专利确实是一个好东西，却是被"滥用"的好东西。滑动解锁，点一下屏幕弹出的菜单，这是专利；用手机打字换行，这也是专利；微博，拖拽一下页面自动更新，是专利；屏幕下面的新页面拉一下就弹回来，这还是专利。生活中似乎什么都有专利，有些人申请了很多专利，别人都不能用，但是他有技术创新吗？并没有！

雷军觉得专利并不等于技术，很多时候其只是先进入这个市场的企业利用专利游戏为后者所挖的"坑"。事实确如雷军所言，在竞争日趋激烈的智能手机领域，苹果、三星、微软以及其他科技公司对专利法早已驾轻就熟，并通过这套体系打击竞争对手，维护自身的市场地位。例如，苹果、三星从2012年起就开始陷入了一场专利侵权和专利保护大战，而台湾手机厂商HTC被苹果和诺基亚起诉专利侵权之后，被迫同苹果和诺基亚签署了专利许可协议。

很明显，专利战已经成为智能手机行业的游戏规则，所以，无论雷军多么不情愿，他都必须全力以赴地应战，帮助小米完成"成人礼"。实际上，为了摆脱专利的短板，小米已经在专利方面做了不少工作。

2012年以前，小米仅拥有35项专利，2012—2014年，小米申请的专利已经达到了2235项，其均有发明专利申请（专利法规定可以获得专利保护的发明创造有发明、实用新型和外观设计三种,其中发明专利是最主要的一种)。经过几年的发展,2015年,小米已经有了1300项专利,其中300项都是国家发明专利。截至2018年1月31日,在国内,小米提交的专利公布数为10188件,发明授权数为1158件,实用新型数为631件,外观设计数为555件。

为了更好地解决专利问题,与企业的投资、合作方达成合作,进行专利的交互使用和分享是非常有效的途径之一。为此,小米与高通等互联网厂商建立了合作。2015年10月,小米收购了博通公司的31项专利,之后其产品"红米2Pro"通过了美国联邦通信委员会(FCC)认证。2016年2月,小米从美国芯片巨头英特尔公司购买了332项美国专利,这也是小米继收购博通公司的无线专利之后,又一次收购美国专利行动。据悉,这次大手笔的收购专利领域更广,小米的美国专利储备也得到了有效的充实。

2017年,小米凭借在印度市场的表现带动了整体销售的反弹,为此,我们有理由相信,未来,小米将采取更大规模的"出海行动"。但专利问题始终是小米无法绕过的一堵高墙,在新的商业竞争环境下,我们希望像小米这样的创业型企业能够破解国际化初期的专利困局,最终迈过专利竞争的"成人礼"门槛,得以在全球数字化商业生态中赢得"一席之地"。

2. 深陷"屏幕门",当小米遭遇诚信危机

在雷军心里,小米是美好梦想、创新科技的代表;在"米粉"心里,小米象征着一种年轻的朝气、一种向往更优越品质的追求。雷军与"米粉"给小米贴的标签,让小米的品牌形象有了简单、清新的特质,也正是这种独树一帜的品牌气质,让小米赢得了用户与市场的一致青睐。然而,当小米与造假、欺诈、不诚信这样的词语扯上关系时,小米所面对的困境也是难以逾越的。

2015年8月13日，小米推出红米note2，这款主打千元市场的手机一经上市，就实现了12小时80万台被抢购一空的销售奇迹。但是，这种表面的繁荣没有持续多久，随着小米偷换屏幕以及虚假宣传消息的不胫而走，小米所面临的诚信危机也开始发酵。

根据小米的官网显示，红米note2使用的是夏普／友达屏幕，消费者拿到手机后却发现其使用的是天马屏幕。据悉，天马屏幕的价格不及夏普屏幕的四分之一。与此同时，红米note2爆出的黄屏、触屏失灵等事件，更是将小米"屏幕门"事件推向了高潮。

8月31日，面对一浪高过一浪的质疑声，小米发表声明，在这份声明中，小米指出"从未发布过红米note2采用夏普／友达屏幕的信息"，最后小米更是以"失误"这样的字眼来解释问题所在。面对这份欠缺诚意的声明，用户很明显并不满意。此时，以"打假"著称的名人王海更是公开点名"小米不是一个诚信的公司"。

那么，小米是不是真如媒体所言是一家诚信有问题的公司呢？

实际上，手机厂商同一部件采用不同供应商的做法是很正常的。例如，苹果公司 iPhone 6S 的零部件供应商曝光后，我们可以发现即使同样的显示屏面板，供应商就有三家，分别是 Japan Display、夏普、LG Display。其实，苹果还有很多其他部件都是同时由几家厂商为其供货的。由此看来，小米手机的零部件来自不同的供应商是没有问题的，绝大多数成熟的企业都是这样的做法。而且，在发布会和官网上明确、详细标明所用元件及其供应商，这是值得倡导的，不管消费者懂不懂，详细的列明至少比大多数的厂商没有说出来要强。但是，一心想要用供应商的知名度来提高身段的小米，最后却因为遮遮掩掩的态度弄巧成拙，让用户质疑其诚信问题，这是小米需要反思的。

这不是小米第一次遭遇质疑，却是小米面临最大的一次危机。作为处于快速成长期的小米，被人质疑诚信问题，伤害的不仅是产品的销售，而且还有用户与粉丝对小米品牌的形象认知。一直以来，小米品牌都以年轻、清新的形象示人，"屏幕门"却让象征梦想与追求的小米与不诚信画上了等号，这给小米品牌的未来发展造成了极大的阻力。

品牌运作的规律是,由高到低,势如破竹;由低到高,困难重重。从小米产品的销售上,我们不难看出,红米销售的火爆,一方面是低价策略;另一方面是借助小米品牌的势能,从1999元降为进军千元机市场,对小米来说易如反掌。但是,小米想从1999元的手机价位杀入更高端的3000元价位市场要困难得多。举个例子来看,锤子手机T1的销量虽然一般,却建立了3000元价格的品牌形象,借助锤子的品牌势能,899元的坚果手机开始热销。相反,像小米这样以性价比取胜的品牌,想要进军更高价位的高端市场却难如登天。

小米向高端手机市场进军的道路原本已经非常困难,加之不诚信的品牌形象,只会让小米雪上加霜。更重要的是,小米多元化生态链的其他智能硬件产品,很可能也要为小米的负面品牌形象埋单。

小米屡创销售奇迹,很大一部分原因在于善于营销。但是,在营销过程中如何把握尺度应该是小米需要反思的问题。毕竟,过度的营销结果只会适得其反。况且,小米的目标是成为有国际影响力的公司,所以,在小米成长的道路上,不应该把精力放在如何把文案写得更天衣无缝上,而是应该聚焦产品品质与技术创新。因为,只有做到技术的突破和产品品质的真正提升,小米才能走得更好、更远一些。

3.渠道之困,失控的"黄牛"与"山寨"

在手机品牌的激烈竞争中,小米突出重围的关键就在于其互联网思维。与传统品牌不同,拥有互联网思维的小米,开创了手机互联网销售模式。可以说,小米正是因为善于利用线上传播效果好、销售成本低的优势,才成就了其高配置、低价位的美好特质。

小米的互联网销售采用"预售—获得订单—生产—配送"的模式,通过预售,小米手机可以直接了解市场需求,从而按需定制。这种建立在对市场精准把握基础上的生产,无疑避免了小米的市场风险。但是,随着小米手机日渐走俏的销售形势，小米所坚守的互联网销售模式，也引发了"黄牛"与"山寨"的渠道危机。

渠道危机：黄牛

说到"黄牛"，人们会想到"一票难求"的火车票和演唱会门票。但是，当供不应求的小米手机上市之后，"黄牛"又把目光投向了手机领域。

2011年，小米首款手机发售时，短短三个小时内就被销售一空。在此之后，每次手机的发售都会创下新纪录。小米手机的高性价比让其成为用户抢购的目标，但小米的产能和供应链一直存在供应不足的问题。在这种有限的产品供应下，采用"预约—抢购"模式的小米，成了比苹果还紧俏的产品。与此同时，那些在网上抢不到小米手机和F码的用户只能寻求其他办法，而这恰好给了"黄牛"可乘之机。于是，大量囤货的"黄牛"，开始高价出售小米，这让小米用户和粉丝感到深恶痛绝。

"黄牛"对小米手机的抢购，并不是单打独斗，而是有组织、有规模地进行的。据悉,为了尽可能多地抢购小米手机,他们通常会组建具有相当规模的队伍。在抢购的时候,"黄牛"还会雇用一大批"枪手",这些"枪手"抢购成功会根据手机的类型获得50—400元的报酬。

被"黄牛"抢购到手的小米手机,其成本已经增加了许多。当"黄牛"把手机卖给其他商家时,商家又会自己加价。最后折算下来,"黄牛"卖出的每部手机平均加价了300—400元。对于本该流向消费者的小米手机,最后,却成为"黄牛"获取巨额利润的手段,小米的用户和粉丝对此一直非常不满。

为了解决抢购过程中的"黄牛"问题,小米采取了很多具体的措施:首先,通过技术手段识别"黄牛",一旦发现"黄牛"行为,永远禁止其参与抢购;其次,针对"黄牛"通过小米F码购得手机的方式,小米也采取了一些措施。例如,为了控制这个渠道的"黄牛",自小米4开始基本就没有F码了。另外,小米还面临手机串货的问题。在这方面,小米也尽最大努力降低串货率。

小米的"黄牛"问题,造成了线上渠道一机难求的局面,这不仅让小米的"饥饿营销"成为粉丝诟病的话题，同时，"黄牛"价格的失控，也让小米网上的明码低价，经过"黄牛"的二次加价之后，失去了高性价比的优势所在。

渠道危机：山寨

山寨手机可以说是一个时代的"缩影"，在国内电子技术水平有限的情况下，一些代工厂主要靠山寨诺基亚、摩托罗拉、三星、索尼等品牌为生。"山寨"的含义并非高仿、仿冒，一些OEM（代加工）和ODM（贴牌生产）也属于山寨机。对普通消费而言，最熟悉的还是那些令人防不胜防的"高仿品"。

随着小米等国产手机品牌的相继崛起，智能手机的价格从2000元降到了1000元，这样就让山寨机失去了原有的市场。为此，雷军曾公开表示："小米在做手机的这些年，击败了市场上几乎所有的山寨机"。

正如雷军所言，小米的出现确实在一定程度上对山寨机造成了不小的打击。但是，由于用户对小米手机的强烈购买意图，以及小米实际产能有限才采取的抢购销售模式造成的供不应求状态，小米成了造假、制假手机"山寨"的主要对象。据2017年上半年国内假手机型号排行榜显示，小米4以17%的比例在该榜单中高居榜首，成为被假冒最多的一款手机型号。

目前，小米正深受假货之困，小米被山寨的对象不仅包括手机，还有移动电源等其他硬件产品。雷军说："现在小米移动电源有80%是假货，市面上的小米手机可能超过一半是假货。我们有专门的团队在打假，但是打假很难，如果没有政府的公权力支持，单靠企业自己的力量怎么打击？我们已经讲明，小米没有线下实体店，却有太多家店挂着小米的牌子。所以我们反复跟大家说明，如果你想要买小米的东西，直接上小米网。尤其是小米电源，几乎每个地方都有小米电源卖，但80%以上的都是假的。假货最重要的是什么？里面都是放着劣质的电芯，都是笔记本的二手电芯随便塞进一个铝壳里，很容易出事，出了事以后还会有更大的麻烦。"

2014年，央视曝光了一则小米移动电源不合格的新闻，报道称，在对抽检的32批共224件小米电源进行检测后，竟然没有一件是合格的。事后，小米通过官方微博发布声明，所抽检的移动电源都是假冒产品。虽然在此次事件之后，小米及时做出了澄清，但是，不可否认，假货对小米的形象已经造成了无法估量的伤害。据悉，网络销售平台以及小城市、县城的线下渠道是小米假货的主要销售场所。

小米专注线上销售的策略确实是其快速打开销售局面的关键之举，但是，单一的线上渠道也滋生出"黄牛"与山寨假货等一系列问题，而这些问题让小米引以为傲的口碑，一落千丈。当负面的口碑和"假货"的形象被施加在小米头上时，小米的成长之路开始变得异常艰难。值得庆幸的是，2015年后，归零再出发的小米开始发展线下渠道，建立"小米之家"实体店，通过线下渠道提升售前体验、售后服务，提前布局新零售的版图。

4. 战略转型，痛并快乐着

小米从初创到发展，再到壮大，其市场定位和发展战略一直备受关注。"互联网思维""雷军七字诀""参与感"，小米成长路上的每一步都是极具分量和研究价值的。关于小米的成功，有人说是其营销公司的特质决定的，还有人说小米的胜利其实是其强大资源整合能力发挥的作用。事实上，小米是一家战略驱动公司，其商业模式的成功就在于不断地创新。

小米最早的战略布局是"流量分发，服务增值"。在创办小米之初，还是天使投资人的雷军投资了乐淘、凡客、UC、拉卡拉、可牛等几十家公司，范围涵盖了移动互联网、电子商务和社交三大领域。2011年成立了顺为基金的雷军，投了无忧英语、雷锋网、阿姨帮、载乐等互联网公司，这一次雷军投资的触角伸向了在线教育、移动电商、医药垂直平台、本地生活服务等热门领域。

小米创立之后的战略布局，都是围绕金山软件、猎豹移动、迅雷、雷锋网、欢聚时代等"雷军系"展开的。这些雷军所掌控或参与的公司，成为小米流量入口、应用软件、增值服务的重要棋子，即使小米手机赚不到钱，依靠系统内的业务支撑，小米依然可以实现赢利。2011年8月，小米手机发布会暨MIUI周年粉丝庆典，MIUI用户突破50万，雷军苦心布局的这项战略终于取得了胜利。

MIUI与米聊两款软件是小米初期战略的重点。可惜的是，突然杀出的微信，在一年内实现了3亿用户的突破，而米聊的注册用户还不足其十分之一。无奈之下，雷军只好调整小米的战略，开始学习苹果走产品扩张之路。此后一年内，小米陆续推出了电视盒子、路由器、智能电视、平板电脑。2013年7月，雷军为了扩张，更是打破"不考虑中低端配置"的说法，推出了红米千元机。

为了扩展版图,小米先后进军中国香港和台湾地区市场。与此同时,小米还在新加坡、马来西亚、印尼、泰国等以华人为主的国家积极布局。但小米的扩张之路并没预想中的顺利。首先,小米的智能电视、路由器、平板电脑都没有获得"期待中的成功"。其次,小米在海外市场的扩张,也因为专利问题变得举步维艰。此时,小米的第二次转型陷入混乱与麻烦之中。

经过短暂的混乱状态之后,雷军再次对小米进行战略调整。这一次,小米做起了"互联网-",开始全面收缩战线,转而打造小米"生态链"。2014年11月,雷军对外宣布"未来5年将投资100家智能硬件公司,小米模式是完全可以复制的"。就在外界还在消化雷军的言论时,小米开始行动。同年12月,小米以不超过12.66亿元入股美的。为了表示坚持这一战略的决心,雷军还请来新浪总编辑陈彤负责内容投资和内容运营,并入股优酷、爱奇艺、荔枝FM等公司。至此,小米边界分明,只做手机、电视、路由器三大产品线,掌控小米网、MIUI、供应链等核心环节,形成了软件、硬件、服务、内容联动的"生态链"系统。

小米战略的转型与升级,一直都是根据市场变化进行的调整。但是,经过数次转型之痛后,小米已经学会了根据未来发展布局,并主动开始第四次战略转型。这一次,小米转型的目标是云服务与大数据。小米通过"生态链"系统连接一切可以连接的智能设备,可以接入的点越多,小米建立的"护城河"就越稳固,其平台价值也就越高。汇聚大量终端数据的小米,在未来将成为不容小觑的数据公司。

2015年,小米遭遇了前所未有的销售危机,经历一整年的销售低谷后,雷军开启新一轮转型。2016年,经历归零之后再出发的小米宣布要做"科技界的无印良品",这一全新战略的核心是打造50—100个小米生态链产品,以接近成本价进行销售,最终构建一个靠增值服务赚钱的移动互联网平台。

为了实现新的战略目标,小米宣布未来5年将集中精力办好线下的小米之家。截至2017年7月,小米之家门店已达137家。雷军说:"计划每个月开5—10家,用3—4年的时间开1000家店，做到400—500亿元的零售额，而且不加盟、不挂牌。"通过线上销售与线下小米之家的双轮驱动，可以看到，"科技界无印良品"的背后，是雷军拓展新零售市场的雄心。

　　小米作为互联网时代崛起的"现象级"公司，其结果是快速发展还是迅速衰落，往往就在于公司的战略发展布局。在以"快"著称的移动网络时代，稍有不慎小米就可能跌入万丈深渊。小米不断地进行战略转型，就是在思考如何走出一条更好、更高的路，摆脱互联网品牌转瞬成败的宿命。

5.小米的尴尬——不给力的供应链

"性价比高"可以说是小米手机的核心竞争力。但是,在缺乏像苹果一样对供应链超强的控制力、同时也不具备像三星一样可以完全自给自足的上下游供应链的情况下,小米只能选择"性价比高"的供应商和元器件,这就造成了小米供应链关键时刻不给力的尴尬局面。

在互联网思维与低价策略的影响下,小米没有不惜血本地投资供应链,以提高产能。尽管以善于借鉴著称的小米,成功地学习了苹果的轻资产运营,但还是不能像苹果一样在全球范围内挑选供应商,同时小米也无法投入大量资金扶持新的供应商。为此,在小米发展道路上,供应链问题经常让小米陷入尴尬的境地。

供应链问题事件一:泰国水灾,引发小米断货

小米手机在上市之初,因为发货量太少经常被粉丝抱怨。为了解决这一问题,小米宣布每天发布500台手机。可是就在消息发布之后不久,小米突然宣布要停几天发货,这引发了许多购买者的强烈不满。随后,小米手机解释称,小米手机上有几个MOS管和来电显示彩灯的生产地是泰国。因为水灾,泰国工厂停产了一段时间,出货量大大降低,同时交货期也一再推迟。

实际上,小米在创业初期,虽然是在国内组装生产的,但是其部分原材料和电池均来自泰国。当供应商出现问题以后,缺乏前瞻性与预测性的小米,根本无法妥善地处理问题,最终导致小米手机的订购和供应都处于停滞状态。

供应链问题事件二："换芯门"事件,将小米推向尴尬的境地

当小米手机还没有在市场上站稳脚跟时,其与上游供应商之间的博弈就难以避免。例如,小米在与高通的合作中,虽然高通是小米的股东,但小米和高通之间的合作并非一帆风顺。而且,在供应链的倒逼之下,还引发了小米3的"换芯门"事件。

2014年,用户在等待了4个月后,小米3高通版终于发布。但是,很快地,用户发现,小米3所用的芯片与之前宣传的芯片不一致。被更换后的芯片并不支持电信 CDMA 3G 网络、也不支持4G网络。事实上,导致小米3换芯的原因很可能就是高通要价过高,小米只能退而求其次。也就是说,此次"换芯门"显示了供应链倒逼之下小米的无奈与尴尬。

供应链问题事件三:产能不足,导致小米无法完成销售目标

整个2015年,因为供应链的问题,小米5迟迟未能发布,

直到 2016 年 2 月，这款手机才与用户见面。这在很大程度上导致小米 2015 年没有完成 8000 万台既定的手机销量目标。

小米董事长林斌在受访时曾表示，小米供应链在 2015 年开始陆续浮现问题，手机业界流行的金属机壳、指纹辨识等热门元素，推出时间皆较竞争对手晚了不少，因而丧失先机。2015 年，在手机销售的黄金时期，小米 5 上市之后供货一直跟不上，其主要原因在于高通芯片严重缺货，小米对 Snapdragon 820 需求约 300 万片却拿不到货。与此同时，小米还面临内存缺货等问题。供应链的种种问题导致小米第一季度只满足了 30% 的市场需求。

值得一提的是，小米的供应链问题，不仅出现在手机产品上，在其他硬件产品上，同样可以看到供应链问题带来的"缺货"困扰。

此前，小米曾经推出 69 元的 10400mAh 的移动电源，但是后来长久缺货，其问题也是出在产业链上。小米移动电源 69 元的价格足以令山寨厂商咋舌，特别是雷军还强调用的是 LG

和三星的进口电芯。不过,就如"换芯门"事件一样,移动电源的首批产品中并没有出现三星电芯的身影。

在小米发展的历程中,供应链与产能问题带来的困扰一直不容小觑。未来,如果小米不能重新完善自己的供应链系统,这些问题只会随着小米的发展愈加严峻。当小米的出货量加大,而供应链依然问题重重时,小米的销售模式必然无法保证良性的循环。可能就是因为看到了小米脆弱的供应链系统,董明珠才敢拿 10 亿元跟雷军赌明天。董明珠的底气在于格力作为传统制造业对产业链的把控能力,而雷军敢于一搏,也让我们看到小米供应链问题被解决的希望。

第四章　没有硝烟的"战场"

1.被围剿的"搅局者"

当"互联网+传统行业"还只是一种全新的理念时,横空出世的小米,让传统手机品牌见识了互联网思维的力量。当然,在小米手机刚刚杀入手机市场时,"前辈们"并没有把它放在眼里,直到小米创造了一个又一个销售奇迹,传统手机厂商才意识到小米的"后生可畏"。

在小米上市之前,整个手机行业都在躺着赚钱,而小米舍弃眼前利益换取未来价值的方式,被认为是一种破坏规则的"搅局"行为。面对"搅局者"小米,华为、联想、中兴等传统手机厂商先是不屑一顾。然而,眼看着小米快速发展,感受到冲击与危险的传统手机制造品牌又开始了对小米的"围剿行动"。

小米手机销售不断暴涨,离不开小米"期货"的销售形势。许多用户也已经习惯在小米发布新品之后看到"抢购""F码""产能不足"等关键词。虽然从抢购小米到拿到小米,是一个漫长的等待过程,但小米粉丝还是甘之如饴,其主要原因就是,用户无法找到像小米这样拥有高配置、低价位的"发烧级"手机。

为了打破小米在配置与价格上的优势,华为、中兴、联想等国产手机品牌开始动作频频。2014年,小米宣布即将推出4G手机时,中兴就抢先推出了4G版的天机GrandSII,并且其搭载的是骁龙801四核处理器,这让慢了一拍推出4G手机的小米应付起来就显得相当吃力。

与此同时,"死磕小米"的华为也放下架子,开始打造性价比更高的智能手机。从华为荣耀的配置和定价我们就可以看到华为与小米一决高下的决心。四核荣耀3C搭载800万像素摄像头,5寸高清大屏,最低价仅为798元,比红米还便宜1

元；而作为国内首款 8 核的荣耀 3X，定价仅为 1698 元，比小米 3 便宜了 301 元。

从华为荣耀单飞以后一系列"低端"单品的推出，不难看出，华为推出荣耀，就是为了对抗小米。而且，在营销方面，华为与小米也是针锋相对。华为全力出战小米，大有冲击小米霸主地位之势，2015 年"双十一"，华为荣耀的出货量首次超越小米就是最好的例证。

其实，不仅中兴、华为，联想也一直对小米虎视眈眈。联想推出的 VIBE Z 定位高端，其硬件配置在同行中遥遥领先，搭载了 1300 万像素索尼堆栈式摄像头，前置摄像头也高达 500 万像素，采用了高通 800 四核 2.3GHz 处理器，而小米 3 依然在使用英伟达的芯片。这款手机与小米的最大不同之处在于，联想不走饥渴路线，坚持现货销售，绝不卖期货。联想这种销售形式，正好击中了小米的软肋。此外，联想 VIBE Z 在运作方式上，处处可见小米的影子，其挑战意图极其明显。

实际上，在小米风头正劲时，对小米采取"紧逼盯人"战术的厂商明显增多。在红米 Note 发布时，短短一周时间，华为、联想、TCL 都纷纷加入战团。面对被传统手机品牌围剿的局面,小米疲于应对。更为重要的是,无论是公司实力还是供应链,小米与对手相比并没有更多优势。

面对传统手机制造商的围剿,雷军在小米发布会上一边叫着"友商",一边也在磨刀霍霍。在一场又一场口水仗中,小米品牌不断被推向舆论的风口浪尖,持续发酵小米的热度。

2.疯狂复制"小米模式"的对手

雷军对苹果的钟情,让小米身上多多少少有着苹果手机的身影。所以,在小米上市之初,许多人认为小米只是苹果的"模仿者"与"跟随者",甚至有人觉得小米就是"山寨"苹果,并以"看不起"的姿态批评小米。

当小米用一系列"独门秘籍"打开市场的大门之后,"看不起"变成了"看不懂"。虽然小米的爆发式增长让许多人摸不着头脑,但是,这并不妨碍人们模仿复制"小米模式"的脚步,"小小米"互联网手机如雨后春笋般涌入市场。由此,我们可以说,小米的出现带动了中国智能手机制造业的繁荣。

随着手机设计公司、互联网公司、新兴创业公司以及老牌手机厂商的加盟，原来"独此一家、别无分店"的小米模式，突然之间开始聚拢大量的跟随者、模仿者，它们都想通过复制"小米模式"成为站上风口的"飞猪"。

青橙手机被视为小米模仿者中走得最快的一家厂商。青橙手机 CEO 蔡晓农曾表示，自己的目标是一年达到 100 万台的出货量，未来，他们还要做到 1000 万台手机。

2013 年 5 月，青橙推出全球首款用户定制手机——青橙定制手机 N1，用户可以根据自己的需求定制专属自己的手机，这一模式彻底颠覆了手机行业的传统生产模式。但是，在 2015 年 1 月推出户外运动手机青橙 VOGA V1 之后，青橙再也没有更新机型。

大可乐属于较早进入互联网手机的厂商。在上市之初，大可乐也曾火爆一时，特别是大可乐 3 发布的时候，其在京东的众筹活动，实现了 25 分钟完成 1650 万元的众筹记录，也让大可乐成为关注的焦点。大可乐对高性价比的追求与小米如出一辙，大可乐 3 使用的是蓝宝石屏幕，其定价却不到 2000 元，属于中端手机。

大可乐的风光并没有持续多久，很快质量问题频发，尤其是屏幕开裂和电源键失灵等一系列产品质量问题，最终让大可乐走上了倒闭之路。

当年，在深圳，越来越多的中小手机厂商都在摩拳擦掌，准备复制"小米模式"。以小米为榜样，在互联网上销售手机，被看作新的"风口"。

随着众多模仿"小米模式"的手机厂商的加入，竞争变得愈加激烈。而在众多竞争对手中，带领魅族手机的黄章似乎是最有实力、最让雷军感到不安的人。如果单纯从技术角度看，痴迷技术与细节、注重体验和社交运营、被称为"疯子"的黄章更像是一个中国版的乔布斯。

当苹果公司进入中国市场，国产手机被打压得抬不起头时，唯独黄章的魅族手机顶住了压力。在苹果引以为傲的产品品质和使用体验中，魅族一点儿也没有输给苹果，更让人惊喜的是，与苹果一样拥有优雅设计和优秀品质的魅族手机，价格却只是苹果的一半。

工程师出身的黄章,并不像雷军一样拥有投资人的眼光和商人的策略。一直以来,魅族无论是在产品设计上,还是在产品品质上都不逊色小米。但在营销渠道和商业布局上,黄章只能向"昔日的学生"雷军学习。

2014年,从行业追赶者变成被全行业追赶的小米依然梦想着"去到别人未曾抵达的地方",而这也刺激了更多的创业者加入这一"冒险游戏"。

以"彪悍的人生不需要解释"著称的罗永浩,也以独有的工匠情怀,成为小米的"跟随者",创办了锤子科技。新一批毫无硬件背景的创业者,带着超越不了乔布斯至少能超越雷军的憧憬与希望,加入了新一轮混战当中。

在小米的一众模仿与跟随者中,卓普和THL手机采用了"线下直营店+线上直销"的模式。线下直营店的毛利通常很高,甚至是普通手机批发商毛利的5—6倍,很快这种模式受到厂商的青睐。这也意味着采用这种模式的经营品牌能够以低价方式获得更高的毛利率,从而轻松地占领2000元以下的智能手机市场。

在信息产业数十年来软件和硬件倒逼互动的规律下,小米的追随者带来的压力与挑战,绝对是不容小觑的。我们可以看到,当小米依靠出货量的增加获得高额利润时,硬件普及的速度也在加快,这就刺激了供货商的关键产品,比如高通芯片的更新换代和价格的下降。当芯片价格下降之后,更廉价的智能硬件增长的速度很可能快于小米设计和铺货的速度。与此同时,在拥有自己供货渠道、对电子元件具有议价能力的传统手机制造商面前,小米手机在渠道等方面的劣势显露无遗。

在新的市场环境下,小米的网络渠道和营销推广将不再具有绝对优势。所有进入市场的品牌与厂商都在构建自己的互联网生态系统,当追随者变成强劲的挑战者时,小米开始逐渐失去自身的优势。

当然,那些通过复制"小米模式"的竞争者,想超越小米显然也不是那么简单的。首先,"小米模式"成功的特定历史时机已经过去。换言之,就算让雷军在如今的市场环境下做过去同样的事情,也未必能成功。其次,小米和用户互动的"粉丝经济",是摆在竞争者面前的另一道门槛。正如小米副总裁黎万强所讲,许多模仿小米的厂商仅仅学到"小米模式"的皮毛,因为和用户互动是件非常有学问的事情,并不是谁都能把握小米与用户互动的精髓所在的。

面对疯狂复制"小米模式"的竞争者,小米表示出了大度开放的态度:"这个市场很大,我们欢迎大家一起进来,用互联网的方式让国产品牌一起做大做强。"黎万强的这番话,看起来云淡风轻,但不得不承认,随着越来越多手机品牌和厂商的加入,小米的路只会越走越艰辛。

3. 颠覆与被颠覆，小米与BAT的那些事

雷军在创办小米的第一天，已经把"互联网"的基因深植于小米的"血液"中，而小米之所以从硬件领域切入互联网，是想在BAT（百度、阿里巴巴、腾讯）的格局下，以一种另辟蹊径的模式寻求突破。小米手机的大获全胜，宣告了小米模式的胜利。与此同时，作为互联网公司开始全面发力的小米，也势必将与BAT展开一场颠覆与被颠覆的争斗。

小米在创办后，便开始在成长的快车道上加速奔跑。2014

年，经过"野蛮生长"的小米已经不再是一家只做手机的公司，而是一匹具备颠覆硬件市场、改变互联网格局的"黑马"，这匹"黑马"在挑落一众国内甚至国际手机品牌后，又把眼光投向了智能硬件生态系统。羽翼渐丰并开始全面布局的小米成为BAT最危险的挑战者，虽然在2015—2016年小米手机的销售一度陷入低谷，但小米与BAT之间关于颠覆与被颠覆的那些事，一直都备受关注。接下来，我们就来梳理一下，在这场关系着中国互联网格局走向的竞争中，小米与BAT之间究竟发生了什么？

小米与百度：从挑战者到合作者

2011年，百度推出"百度·易"手机操作系统，这套系统延续了云概念，用户使用所产生的服务增值收益，将与硬件厂商分成。值得一提的是，这套操作系统内置了百度搜索框、云服务以及地图、身边、掌上百度、易Ting、易阅和输入法等百度应用。

百度推出的这款高端智能手机，无论是从其所搭载的基于

Android系统深度定制的百度易平台,抑或是双核处理器芯片组、800万像素摄像头等硬件配置来等方面看,都很容易将其与小米手机联系起来。虽然"百度·易"手机最终没有像小米手机一样取得成功,但百度与小米之间的竞争并没有就此终结。

2013年,李彦宏动作不断,在移动领域,百度开始布下地图、网盘、语音助手等多枚棋子。百度投资的百分百数码科技公司,则开始制造"百度ROM"手机、平板电脑,这些硬件产品的销售和小米一样都是通过互联网进行的。

在雷军的小米手机开始"发烧"之前,李彦宏的搜索事业已经进入全盛时期。为此,掌握着大量资金的百度公司有实力布局更大的版图。2013年百度以19亿元收购91无线,成为中国最大的移动应用产品提供商。对雷军而言,百度在移动互联网上的"攻城略地"之举充满了威胁。

从当时的环境来看,在互联网领域走得更远、布局更快的百度,的确具有颠覆小米优势的可能性。要知道,当时的百度不但在云服务概念上走得更远,实际上,百度同样醉心于类似小米的ROM、界面设计,而且,百度同样在进行软件和硬件结合的市场开发,同样推出平板电脑、路由器等智能家居硬件产品。

遗憾的是,在小米的发展遇到瓶颈时,百度自身也出现了一系列问题。在移动网络浪潮来袭时,既无新产品又无新技术的百度业绩开始严重下滑,大有被后来者取代第一梯队位置的危险。此时,想要通过IOT(Internet of Things)物联网模式,让硬件产品实现万物互联网的小米与布局AI领域的百度从原来的挑战者变为合作者,开始全新的合作模式。

对于与百度的合作,雷军认为,小米一贯的战略就是"把朋友搞得多多的,敌人搞得少少的,广结善缘"。百度总裁陆奇也表示,百度会将小米的智能硬件、大数据、智能设备生态链等与百度的AI技术、海量数据、信息与服务生态等进行结合,从而更好地服务用户。

小米与腾讯:在竞争中合作

著名的3Q大战促成了腾讯与金山的缘分,而雷军与金山之间千丝万缕的联系,也让腾讯与小米的关系变得扑朔迷离。

在腾讯入股金山晚宴的温馨气氛后，雷军向外界透露小米不会和金山合作，而这也从某种程度上提前宣告了，早已在互联网布局的小米接下来将与腾讯展开正面的竞争。

"我确实有不少业务与腾讯竞争，但是在今天的市场环境里，可能每个企业都要用开放合作的态度来看待市场变化，既竞争又合作是未来所有企业面临的话题。"当外界把小米和腾讯的竞争描绘得绘声绘色时，谁也没想到，第一个出来打圆场的正是雷军自己。在接受采访时，雷军表示，"作为金山董事长，为了保证金山立场和利益最大化，该出手时还是会出手"。雷军同时指出，如果金山业务和他投资的业务有冲突，金山拥有独立董事制度保障利益关联，同时将通过信息披露的方式维护股东的利益。

2012年，在全球移动互联网大会上，作为小米科技CEO雷军坦言，自己最得意的产品之一米聊输给微信很正常，但是也很骄傲，因为和腾讯竞争不是一件容易的事情。

雷军认为互联网制胜的关键是单点切入，然后慢慢地培养长大。因为，只有这样的业务，才能够生存下去，才能做得更好。

在单点切入的关键时刻,最忌讳的就是四面树敌。雷军在总结自己和对手的经验时说:"我们在做每一个产品的时候,都是先寻找一个有很大用户需求的点,一点点地扩张开来,一点点地做。实际上,互联网企业都是一点点成长起来的,腾讯、百度这样的企业也是一点点长起来的。"雷军之所以一直强调与腾讯的合作诚意,主要还是看重腾讯的资源。

小米799元的红米手机将QQ空间作为首发的唯一入口,最终借助腾讯的用户基数优势,红米手机销售得以大张旗鼓地推进。雷军选择QQ空间作为进军千元机低端市场的第一站,就是看重空间用户数量的积累和其在网络上的影响力。尽管外界对红米手机的利润知之甚少,不过以低端智能机的平均利润计算,红米为小米带来的利润仍是十分可观的。由此看来,与腾讯的合作,的确让雷军与小米收获颇丰。对于没有自己制造商主要依靠口碑营销的小米来说,最大限度地利用腾讯的网络渠道,才能获得更好的销售业绩。

在微信成为腾讯主要的产品后,尽管雷军打造的生态链和微信产品间存在一定的竞争关系,甚至在用户上双方是直接竞争者，但是，由于小米的核心是硬件，所以，小米与腾讯的矛盾也不是不可调和的。在未来的发展道路上，腾讯与小米之间这种既有竞争又有合作的关系，还将在马化腾与雷军之间延续下去。对怀揣硅谷梦想的雷军来说，竞争是难免的，合作更有意义。

小米与阿里巴巴：强劲的竞争对手

小米与阿里的竞争可以说是由来已久，在智能手机市场混战之时，嗅到商机的马云，开始布局手机领域。2011年7月，马云旗下的阿里云宣布推出其云操作系统手机。据说，阿里云手机在当时给了马云深深的震撼。马云说，自己第一次玩手机超过15分钟，以至于在深夜错过了登飞机的时间。对于阿里云手机在官方旗舰店15分钟卖出1000多台的业绩，感到无比自豪的马云几乎逢人就会提及。

但是，马云开心的时间并没有持续多久。2011年，小米手机一经上市，就以咄咄逼人的态势取得了月销一万台的业绩。2013年年底，小米手机销售超过了300万台，营业额突破了

50亿元。与小米相比,阿里云手机的市场份额几乎可以忽略不计。

自从在手机市场"不期而遇"之后,马云与雷军之间的口水仗也甚嚣尘上。马云宣布自己未来可能要用10年的时间开发云概念,雷军就揭露,1000T存储空间的云手机是噱头。小米手机的粉丝忙着发帖"发烧",阿里云的用户也忙着敲边鼓,双方一时为手机的性价比争议不停。

虽然第一阶段手机设备的性价比之争以雷军获胜告终,但很显然马云输得并不甘心。在小米手机发布第二款产品后不久,趁着雷军在移动互联网生态链上立足未稳,马云大胆布局,在定位服务、社交网络应用,乃至互联网电视盒子、路由器等智能硬件上持续发力。最终凭借阿里的实力,兼并新浪微博、高德等大批互联网创业企业的阿里获得了竞争优势。此时的小米在移动互联网的拓展上并没有大的起色。

2015年,魅族科技获得阿里5.9亿美元的战略投资。由此,魅族开启了史无前例的新品发布战略,并且获得了相当不错的业绩增长。魅族的改变源于一个非常简单的理由——

对抗小米。每一部魅族手机售卖的背后等同于小米又少卖了一部。而在阿里与卓普、夏新、基伍、康佳、小辣椒终端厂进行战略合作,推出卓普小黑、夏新大咖、小辣椒M1Y等多款搭载阿里手机操作系统的新机包围下,小米的销量确实开始降低。

很多人把阿里在手机领域对小米的阻击看作双方竞争的高潮。实际上,对阿里来说,真正的战役才刚刚开始。2015年,雷军开始把注意力放在智能硬件领域,这是未来小米冲击更高估值、颠覆BAT格局的关键。物联网生态系统这一仗,小米势在必赢,但阿里也输不起。

以MIUI为中心、以小米手机为基础,小米及其生态链推出了智能路由器、智能电视、智能手环、智能插座、智能摄像头,在气势上已占尽先机。有业内人士预计,2015年小米智能硬件的市场占有率很可能会超过25%。强大的供应链管控能力,加上三大电商的线上渠道,从实力和优势来看,小米成为物联网平台毫无悬念。

阿里在物联网领域也早有布局,目前,阿里已经拥有超级App、渠道(淘宝、天猫)、分销(1688网)、芯片模块(庆科)、众筹（淘宝众筹）、云技术（阿里云）、金融（支付宝）等资源，还与海尔建立了合作。

对于雷军的小米而言，想在与阿里的竞争中脱颖而出，任重而道远，等待小米的必将是一场更加激烈而艰难的比拼。

4. 雷军PK董明珠，传统制造业与互联网行业的碰撞

互联网"风口"的出现，让顺势而为的雷军与小米成功地打破了智能手机传统的格局，成功"加冕"销售冠军的小米一跃成为互联网新贵。

2013年，在中央电视台中国经济年度人物颁奖典礼上，雷军作为年度经济人物可谓是风光无限。也许是因为获奖让雷军不免有些飘飘然，又或者是因为小米手机互联网模式成功击败了传统手机企业让雷军感到了前所未有的自信，向来

谨慎的雷军竟然要和格力的董明珠在五年里较量一番,并许下一元赌注。

时任格力董事长的董明珠作为传统制造业的代表,不仅欣然接受了雷军的挑战,更是大手笔地把一元赌局变为10亿元赌局。

雷军与董明珠两位霸道总裁的对决,既是小米与格力的较量,也是互联网行业与传统制造业的碰撞,最终,这场赌局谁胜谁负还未可知。但是,可以肯定的是,雷军已经把颠覆传统制造业作为自己的新理想、新目标,而董明珠与格力所代表的传统制造业也在互联网思维的冲击下开始新的转型。

雷军新目标:带动中国制造业

小米用互联网模式倒逼传统手机制造业,被颠覆的手机行业开始进入全新的时代。从小米的业绩与成就来看,这种模式无疑是成功的。如今,雷军已经不满足于手机领域,小米的版图已经拓展至更多领域,小米空气净化器、小米音响、小米空调、小米电饭煲,小米生态链的成功不仅是互联网企业的成功,同时也是中国制造业的希望。

在参加活动时,雷军就曾对外表示,小米让整个国产手机的市场变得越来越好,希望小米能够像三星对韩国制造业、索尼对日本制造业的作用一样,在未来 5—10 年、在多个领域处于第一的位置。雷军希望小米能带动中国制造业的发展。

2011 年,小米进军手机领域不仅推动了整个手机行业的进步,也迅速提高了中国智能手机的普及率,让更多的用户更早地接触到智能手机。2013 年,小米做插线板,改变了传统插线板又大又丑的外形,把插线板做小,做成艺术品,连包装盒都像苹果手表的包装一样精致。小米插线板上市一年之后,市场上的插线板外观越来越美观,设计感越来越强,工艺也有了很大提升,我们不得不承认,小米推动了插线板这个行业的集体革命。

2015 年,中国人到日本抢购马桶盖、电饭煲的新闻,把中国制造业推上了风口浪尖。为了解决中国制造业在技术与效率上的问题,为了打造一款设计与技术足以媲美甚至傲视日货的电饭煲,小米特地从日本请来了专家内藤毅先生,并组建了一支堪称完善的队伍，共同投入研发中。最终，经过三万多次的实验，小米推出了集性能、颜值以及性价比于一身的电饭煲产品。

进入一个行业、搅动一个行业的同时，小米也在推动整个行业登上新的台阶。雷军早就说过，改变中国制造业是他的人生理想，小米生态链的建造也是为了推动中国制造业升级。

值得注意的是，小米从互联网领域跨界到传统制造业，虽然会推动制造业进步，但也不可避免地要与制造企业展开一轮激烈的竞争。2017年，小米发布了一款智米全直流变频空调，虽然由于小米空调定价过高，比起格力、美的等大品牌并无价格优势，但是，通过小米产品线的不断延伸，可以感受到小米与传统制造企业之间竞争的火药味已经越来越浓了。

归来篇：在突围后，王者归来

第五章 全方位"补课"的小米

1.小米出品"中国芯",为"澎湃"而澎湃

雷军是为梦想而生的理想主义者,他最大的梦想就是带领小米成为一家伟大的公司。在小米向着伟大梦想进发的路上,技术创新与自主研发就像一道高高的门槛,不迈过这道门槛,雷军的美梦只能是美梦,小米也永远书写不出属于它的美好未来。

雷军很少让人失望,即使小米经历了断崖式的销售下滑,雷军依然有办法让你眼前一亮。2017年年初,小米科技正式

发布首款自主芯片松果"澎湃S1"。要知道在小米之前,拥有自主研发手机芯片的厂商只有苹果、三星、华为。如今,被人质疑没技术、没专利的小米,俨然已经华丽转身,成为拥有自己核心技术的实力派。

雷军在谈起自主研发芯片时曾表示:"做芯片是九死一生,我们是抱着10亿元资金投入、10年研发周期的心态去做。"正如雷军所说,做芯片不仅要投入金钱和时间,而且还不一定能成功地收获预期回报。对此,雷军算过一笔账:"卖100万件,每一颗芯片的研发成本要1000元。卖1000万件,每一颗芯片的研发成本要100元。在手机千万级规模之前,自主研发芯片肯定还不具价格优势,计入成本的话,小米5C至少要卖到3000元以上,才能回本。"

既然做芯片如此之难,为什么小米还有勇气去做呢?除了雷军的主观梦想,还在于小米的客观优势。

小米的芯片研发之路是从2014年开始的,当时小米与联芯共同投资成立了一家全资子公司——松果电子,其中小米持股51%,联芯持股49%。

2015年7月6日，小米完成了芯片硬件设计，第一次流片；

2015年9月19日，完成芯片样本的回片；

2015年9月24日，小米松果芯片首次点亮屏幕。

"小米松果芯片第一次拨通电话，碰巧那天晚上他在办公室，于是就跑去试了一下，果然能拨通，当时很激动。屏幕点亮时大家内心澎湃，为了这一刻很多人一周多没有回过家，芯片也因此命名"。

从2014年10月松果电子成立，到2017年2月澎湃S1芯片量产、小米5C发布，小米用28个月的时间创造了自主研发芯片的纪录。要知道，苹果做处理器用了8年时间，三星做处理器也用了几乎相同的时间，华为做处理器用了近10年。为何小米只用了两年就能做出芯片？雷军说，"华为做芯片是十几年前的事，那个时间点做芯片需要的周期注定很长。但现在基础技术更成熟了，我们做起来就很快，这叫后发优势"。

"澎湃S1"让雷军感到骄傲的不仅是研发速度，更为主要的是这款芯片的品质。对此，雷军表示小米不做PPT芯片，"必须保证芯片发布的时候就能够量产，就有相应搭载芯片的手机，必须保证消费者很快能买到。所以'澎湃S1'发布的同一日就宣布它搭载的小米5C手机……必须尽快亮出小米的实力了"。

在经历销量下滑的低谷之后，小米能否依靠"澎湃S1"，澎湃激昂地重返事业巅峰呢？

首先，可以肯定的是，小米研发芯片可以降低成本，提高议价能力。小米手机搭载自家的芯片，不依赖外界，可以根据自身情况提早做出规划，不用再担心手机长年缺货的问题，同时还能做到不赔钱并获得利润。

其次，自主研发芯片可以通过积累专利技术为开发国际市场扫清障碍。2014年小米进军印度市场时，就因为采用别人家的芯片惹过官司。当时，爱立信起诉小米，要求禁止小米在印度销售手机。虽然，经过协调沟通，最终印度法院解禁采用高通芯片的小米手机，但采用联发科芯片的红米1S因为专利问题仍然无法登陆印度市场销售。

最后，小米芯片不仅可以搭载智能手机，还可以用来拓展小米生态链中其他智能产品。可以试想一下，小米芯片未来在

IOT领域将为其带来多大的发展空间。由此看来，拥有自主研发核心技术的小米，再次重返事业巅峰只是时间问题，而雷军带领小米成为伟大公司的梦想，似乎也越来越真实了。

2.雷军挂帅，重整"失控"供应链

小米创立之初，轻资产盈利模式让其得以放开手脚快速奔跑。但是，没有自己的工厂，将全部生产交给供应商的模式，也让后来的小米付出了惨痛的代价。2014—2015年，雷军抽出大量时间走访各地供应链厂商，而这仍然无法阻挡小米供应链的"失控"。

如果说苹果是凭借自身 IOS 系统圈起一个完整的生态链。那么，小米是依靠互联网思维，以资金为纽带，在取得规模效应后绑定大批硬件供应商，进而形成成本优势阻击其他竞争对手。对于小米与供应商之间的关系，尽管雷军一直强调与供应商之间保持着非常好的关系,双方是"真金白银结成的鱼水之情"。但随着品牌影响力扩大后买方实力的不断增强,小米与上游供应商之间的关系也变得越来越复杂。

与供应商的博弈,原本已经让小米的供应链变得无比脆弱,而主管小米供应链的高管毫无忌惮地得罪供应商,更是让小米的供应链雪上加霜。据一位供应链专业人士说,要管理好供应链,最重要的并不是价格高低,而在于策略。其中,如何与供应商处理好关系就十分重要。"在手机研发设计出来之前,你是甲方;但在手机设计出来以后准备量产时,你是超级乙方,很多时候不得不被供应商牵着鼻子走。例如,供应商的物料有限,大家都在抢,究竟是给华为、vivo,还是给小米?谁分配多、谁分配少,都可能和彼此关系好不好挂钩。"

小米主管供应链的团队显然没有掌握好做"超级乙方"的分寸。2015年春节前夕,正是手机行业一年中最闲的时节。一家日本物料供应商打算在这个最好的时间段拜访中国客户,于是专程飞到北京。可是,如约而至的供应商,却在雷军办公室门外足足等了3个小时。尽管见面以后,日本供应商并没有表现出不满，他的心里却积攒了不小的怨气。

几天以后，日本供应商按照约定见了锤子科技 CEO 罗永浩。准时赴约的罗永浩和姗姗来迟的雷军形成了强烈的反差，这让日本供应商再次感觉到小米的傲慢，于是，再也忍不住怨气的他私下向一些业内人士抱怨。

据知情人士透露，小米怠慢供应商与雷军关系不大，主要是小米供应商团队的直接执行者导致了这次不愉快的会面。在小米供应商高层看来，小米是甲方公司，供应商是乙方公司，不受重视是理所应当的。小米主管供应链的高层的这种态度，得罪了不少供应商。虽然这些低级的错误给小米造成了极其恶劣的影响，但是，雷军并没有轻易地拿团队开刀。这种纵容给小米带来的却是更为严重的后果。

在小米 5 发布之前，三星半导体中国区一位高层带着团队与小米供应链团队见面，在现场 PPT 演说过程中，由于小米态度很差，三星也很强势，双方在现场发生了很激烈的争执，最后，竟然演化到双方直接拍桌子的地步，结果三星高层直接离场。这件事之后，三星 AMOLED 屏幕那段时间虽然出货量很大，唯独就是不给小米供货。

2016 年，雷军亲自挂帅主管供应链后，专程到三星总部拜访。外界把雷军的这次三星之旅解读为向三星请求屏幕供应。一位熟悉供应链的人士分析说，雷军很可能是亲自向三星道歉并希望对方供应屏幕的。但是，"三星半导体在行业里很强势，通常是想治谁就治谁"。所以，据未经雷军本人证实的消息称，雷军不止一次到三星总部。

三星的屏幕供应问题以及小米 5 发布之后，再次遭遇产能危机，让雷军痛下决心重整"失控"的供应链。2016 年 5 月，小米 5 发布 3 个月后，雷军通过内部信称，原本小米手机研发和供应链负责人周光平将出任小米首席科学家，小米的研发和供应链团队将直接向雷军汇报。

撤换周光平以后，雷军开始亲自掌管研发和供应链。可作为一个外行，雷军最需要的还是一个懂行的好帮手。此时，他想到了小米生态链旗下紫米科技的创始人张峰。

2010年，张峰任高管的英华达是少数愿意为小米手机代工的工厂，可以说，在雷军最需要帮助的时候，张峰伸出过援手。而在2012年，张峰离职开始自己创业时，雷军又是第一个站出来投资的。张峰与雷军之间的缘分，让他正式进入小米管理供应链，协助雷军解决小米供应商元器件即手机供应问题。

在供应链管理上，张峰更懂得双赢的重要性。在他眼中，供应链管理就好比去"健身房"，办健身卡要花钱，去健身房要花钱，这笔生意看起来亏了，但是身体（生产线）得到锻炼，整个人（公司）更健康了。在张峰的管理下，小米的供应链的确得到了不小的改善。一个最为直观的数据是，2016年1月1日至8月31日，新浪微博上骂"小米耍猴"的微博多达40页，而2017年同期，同样关键字的微博只有15页，比上年少了62%。

当小米手机陷入销售低谷时，很多人觉得小米已经不行了。其实，小米手机销量的下滑，一部分原因是其他品牌的崛起,另一部分原因则在于自身产能问题造成的长期缺货。所以,小米并不是不行了,小米只是需要正视自己的问题并解决问题。正如所看到的那样,雷军亲自挂帅供应链之后,小米手机的销量上演了一场逆转的好戏。

3.玩转新零售,"小米之家"势不可当

小米诞生于互联网,它的成功很大一部分也是因为插上了"互联网"的翅膀。但是,当流量红利退去之后,当互联网渠道变得越发拥挤之后,陷入销售低谷的小米必须找到新的工具,开启一场新的销售革命。这场因工具创新而引发的革命,非"新零售"莫属。

雷军与马云之间关于"新零售"概念的"第一讲"之争,乍一看似乎有点小题大做,事实上,作为第一个提出"新零售"

概念的人，在"新零售"标准和规则的制定上似乎更具有主动权。所以，我们会看到雷军积极主动地对外表示，小米的市场部考证了一下，"好像全国第一个讲新零售的是我"。"我上午在一个地方讲，马云下午在另一个会场讲的，我们在同一天讲的。可能阿里声量大，讲得多。"

雷军用略带幽默的话语宣告对"新零售"概念的主动权，那么，雷军又是如何定义"新零售"的呢？"新零售，就是更高效率的零售。我们要从线上回到线下，但不是原路返回，而是要用互联网的工具和方法，提升传统零售的效率，实现融合。"简单来讲，"小米的新零售"，就是用互联网的方式为线下销售插上"效率"的翅膀。

当损失了"体验感"和"即得性"的电商平台，遭遇用户增速放缓困境之后，电商平台的风光时代也由此告终。正如马云所讲，纯电商时代很快就会结束，未来10年、20年，没有电子商务一说，只有"新零售"一说。

"春江水暖鸭先知"，马云和雷军作为电商领域的代表，先知先觉地预感到一个时代的终结，而且，意识到问题的他们，纷纷开始布局"新零售"。

2015年9月，小米首家线下直营销售门店——小米之家在北京当代商场开业。由此，小米正式吹响了向线下零售市场进军的号角。两年后，小米之家深圳旗舰店正式对外营业。当天，雷军以及小米核心创始人黎万强、林斌、刘德、洪峰等悉数南下到达现场。从小米全球第一家旗舰店开业仪式的强大阵容来看，小米对"新零售"的重视程度绝对不容小觑。

值得一提的是，在2017年小米年度总结会上，雷军提出了三年开1000家门店的目标。为了实现这一目标，小米之家走上了加速扩张之路，截至2018年1月，小米之家全国门店已突破300家。更让小米粉丝感到欣慰与自豪的是，小米之家已经入驻印度、希腊，并扩张到俄罗斯、阿联酋等国家，小米在印度开店的火爆场景也被传为佳话。

像小米一样开始布局线下渠道的手机厂商不在少数，但像小米之家一样能做到"开一家，火一家"确实少之又少。在小米之家，用户不仅可以体验、选购小米手机，还能够近距离地感受小米生态链中的明星产品，从小米空气净化器、净水器等智能家居硬件,到小米手环、移动电源等手机周边配件,高品质、高颜值、高性价比的产品让小米之家看起来更像是科技界的"无印良品"。

小米之家的快速崛起,一方面得益于小米硬件产品的受欢迎程度;另一方面在于小米在新零售领域的核心打法,即依据零售=流量×转化率×复购率的公式,简单而言,就是将零售(坪效)拆解为四步,并将每一步做到极致。

步骤一:流量

流量及客流的提升有赖于门店选址和商品组合。小米之家主要选址在一、二线城市核心或社区商圈的购物中心,与目标客群接近的优衣库、星巴克、无印良品等时尚和休闲品牌对标开店,互相引流。同时,在门店产品出样上注重消费场景搭配,产品涵盖20—30个品类的200—300个SKU,并及时(乃至领先线上)上新,确保门店的可"逛街性"。

步骤二：转化率

客流到店消费转化率的提升，核心是产品具有足够的吸引力。一方面，小米品牌强调极致爆款，以单品高性价比见长，产品本身具备足够吸引力；另一方面，门店上架 SKU 筛选基于线上销售数据积累，门店 200—300 个 SKU 基于有品电商 20,000 个 SKU 二次精选，促进门店客流高消费转化率。

步骤三：客单价

客单价的提升不是拔高单品售价，而是通过提升消费量实现的。小米生态系统产品外观设计颜值统一，技术功能关联互通（可统一通过米家 App 或小米 AI 音响联网控制），连带销售乃至整体套购比例高。另外，线下门店天然具备体验优势，加之线下同步新品上线，实物体验小米产品魅力。

步骤四：复购率

重复购买率的提升即品牌认知强化的结果，同时也需要提供便捷的购买渠道。小米产品一贯坚持高性价比理念、口碑为王的线上内容和线下门店立体传播，塑造小米高性价比国民科技生活品牌形象。通过全渠道布局，满足用户随时随地消费的同时，更以门店消费引导用户线上注册体验，用线下精选爆款，引流用户线上体验更为丰富的小米生态系列产品。

小米"新零售"的核心打法以及小米硬件产品的高性能、高性价比，让小米之家成为现象级线下"新零售"门店的榜样。不过，小米的"新零售"布局显然不止小米之家一个惊喜。2017年，小米推出精品生活电商App"有品"。实际上，"有品"也是小米"新零售"战略的重要一环，其主要依托小米生态链体系，延续小米"爆品"模式，用小米模式来做生活消费品。

2018年4月，在电商开线下店的潮流下，继小米之家后，代表"有品"的"有生品见"线下店在上海正式落地。据悉，这家店主要目标客户群为追求理性简约设计、高品质且价格合理商品的新中产阶层，以及迅速崛起的年轻消费群体，其产品更是涵盖出行、家居、智能、家电、服装、日化、食品、餐厨、婴童、杂货十大热门品类。

虽然目前"有生品见"线下门店数量还比较有限，但这种类似MUJI的店是小米"新零售"的另一种尝试。可以预见的是，Apple Store式的小米之家和MUJI式的"有生品见"将成为小米"新零售"的"双旗舰"。

4. 布局新风口，小米生态链初长成

2011年，小米在万众瞩目的情况下出现，在风口上成为智能手机领域的颠覆者与引领者。然而，属于小米的美好时光是短暂的。2015—2016年的小米，销售经历了断崖式下滑。就在人们认为小米已经成为明日黄花时，找到新风口的小米，默默地披上智能硬件的"金甲"，等待再次在风口上逆风飞扬。

移动互联网的快速发展，将人类社会带入一个全新的时代，但这只是一个开端，未来，随着IOT、智能设备的发展，我们终将步入智能时代。在这样的背景下，智能硬件市场的光明前所未有，必将成为商业领域的新风口。

雷军一直密切关注这一领域,最触动他的一件事就是谷歌对 Nest 的收购。Nest 是一家智能家居公司,2011 年由"iPod 之父"托尼·法代尔创办。Nest 成立不久就推出了颇受市场欢迎的智能温控装置,随后其他智能家居产品也相继亮相,在很短一段时间内迅速成为智能家居领域中的一大品牌。2014 年,谷歌收购 Nest 之后,两家公司各取所需,它们瞄准的正是智能家居和物联网的巨大市场。

未来的发展趋势和市场的走向,让雷军的手机梦变成了智能家居梦。为此,小米也在这一领域开始动作频频,小米盒子、小米电视、小米路由器、小米空气净化器的相继问世,宣布刻有小米印记的智能家居体系初见雏形。

在智能家居市场,小米首先推出路由器,其目的是打造一个跨平台的数据中心,让用户在家庭、办公、出行等不同场景下都可以在 PC、手机数码设备间进行数据和信息的互动互通。

除了路由器,小米也在通过投资和推广 SDK 智能模板的方式打造自己的生态链。小米生态链团队组建于 2013 年年底,在此之前,雷军已经谈妥了出品小米手环的华米科技公司。

当时，对手环颇有兴趣的雷军从朋友那里拿到了华米生产的智能手表，仅仅带了一天，就要求和华米的 CEO 黄汪见面。这场至关重要的会面选在雷军的办公室，初见黄汪的雷军激动地向对方介绍了小米的整个智能硬件生态，并热情地邀请黄汪"一起玩"。黄汪欣然接受了雷军的邀请，2014 年，华米科技砍掉了原来的产品线，只做小米手环。

小米的智能硬件生态链团队正式成立之时，雷军将具体业务交给合伙人刘德。刘德用了一年时间，投资了 25 家厂商，包括做移动电源的紫米、做空气净化器的智米、做活塞耳机的加一、做智能血压仪的九安——这些企业们都宣称要做自己圈子的"小米"。

2014 年，小米与家电企业美的宣布"联姻"。雷军形容这次和美的董事长方洪波谈下的合作是智能生态链布局的里程碑。从双方协议来看，小米与美的将在智能家居即其生态链、移动互联网业务领域进行多种模式合作，建立双方高层的密切沟通机制，并对接双方在智能家居、家电和战略投资等领域的合作团队，积极探索多种合作模式。小米与美的之间的亲密关系，表明了小米生态链的开放心态。对此，雷军表示："我们是开放的生态，合作人越多越好。"他甚至不排斥与骂他是小偷的格力董事长董明珠的合作。

小米生态链的投资主要集中在手机周边、智能可穿戴设备、传统白电智能化、优质资源制造、极客酷玩产品、生活方式类产品六个领域。小米生态链投资的标准，大致可以概括为以下六点：

第一，团队干的是不是大的领域、大的市场，因为小米生态链模式势必要做一些大市场；

第二，这个市场里的产品是否存在不足，有痛点和不足才可以"下刀子"；

第三，看这个领域的产品可不可以迭代，不能迭代的话，这个公司就不能持久；

第四，产品是不是符合小米的用户群，离用户群越近越好干；

第五，团队是不是技术强，是不是一把"牛刀"；

第六，团队是不是跟小米有相同的价值观，不赚快钱，立志成为国民企业。

在相同的价值观下,小米生态链中的几十家企业很快结成了一个高效的联盟,并且共同合作以最快的速度推出爆款产品。

小米生态链的战略是用爆款打开市场,所以,小米生态链企业和产品本身都具有爆款属性。除此之外,小米红利也是小米生态链快速成长不容忽视的重要因素。对生态链企业来说,小米就像一个热腾腾的火炉,从这个火炉里散发出的热度,足够让小米生态链企业发光发热。具体而言,小米给生态链企业带来的红利主要体现在以下四个方面:

(1)小米的品牌红利,因为有一个品牌在,拓展品类的时候就很容易;

(2)小米的用户群红利,小米有超过两亿的用户,很多是理工男,这些用户需要的,都是小米要做的;

(3)渠道红利,尤其是小米线上销售能力,现在又有了线下小米之家销售能力,包括米家有品新平台的能力;

(4)随着小米海外业务的攀升,海外业务2018年应该有200%甚至300%的增长,所以海外市场的打开靠手机先行,海外业务又开启了生态链海外市场的红利。

在爆款策略和小米红利的双重加持下,小米生态链逐渐壮大。当小米销售的产品从手机变成空气净化器、电饭煲,甚至毛巾、电动牙刷时,各种质疑声开始涌向小米。实际上,2013年雷军启动生态链计划,定下5年内投资100家生态链企业的目标,发誓要复制100家小米时,就有人嘲讽雷军是"痴人说梦"。结果,雷军与小米团队用事实证明,只要敢于逐梦,美梦也能成真。截至2018年3月31日,小米共投资或孵化超过210家公司,其中有90多家专注于发展智能硬件及生活消费产品的生态系统公司,距离"复制100家小米"的目标仅一步之遥。

5. 跨界，无所不能的小米

如今，人们谈起小米，后面紧跟着的词早已不是"手机"。小米已经成了一个前缀，和它连接的可以是电视、空调，也可以是手环、音响。在智能硬件的世界里小米正在不断拓宽边界。雷军对小米的期望一直很高，所以，小米显然并不满足于在一个圈子里扩大边界，想要尽快实现伟大目标的小米还需要不断地跨界。

小米跨界版图之互联网金融

互联网金融就像一块诱人的蛋糕,几乎每家互联网企业都希望从这块蛋糕上分一杯羹,小米当然也不例外。2015年1月,小米在官网上低调上线了小米钱包。由此,小米金融布局的第一步正式展开。同年5月,小米金融发布,随后推出"小米活期宝""小米基金宝"等理财产品;9月,小米贷款上线。

雷军对小米跨界互联网金融的期望甚高,他认为小米做互联网金融是自然的业务延伸。在接受采访时雷军曾表示:"坚信在未来三五年时间里,小米会成为互联网金融的主要平台。"虽然,外界对小米金融的质疑声不断,但是,小米布局金融领域的脚步从未放慢。即使在小米主营业务遭遇寒冬的2016年,小米金融依然步步为营,稳扎稳打地开拓着市场。

小米拥有上亿的粉丝,对小米金融来说,为这些用户提供金融服务可谓顺势而为。此外,小米在过去几年凭借产品以及营销策略搭建了智能硬件的生态产业链,以及垂直的电商平台,这些都为小米金融的发展奠定了良好的基础。

目前，小米金融的布局已经在一定程度上显现出巨头之势。一般来讲，小米金融生态主要从两条路径构建，其中一条是小米自有的金融业务，另一条则是通过投资互联网金融领域的公司形成"小米系"。

小米旗下现有的金融相关业务包括小米金融、小米钱包、小米信用、Mi Pay、小米贷款、米筹金服、分期付等。此外，小米还联合新希望集团、红旗连锁共同发起了四川希望银行，将触角伸向民营银行领域。

小米运营的互联网金融业主要嵌入在小米的生态链中，为小米粉丝用户提供理财、支付、贷款等服务。以贷款业务为例，落户重庆的小米小贷拥有互联网小贷牌照，通过线上向全国提供信用贷款。目前，随着小米贷款APP的发布，其贷款业务不再仅限于小米手机和小米商城用户，可以为所有安卓手机用户提供小贷信贷服务。

值得注意的是，小米通过投资还形成了一批"小米系"互联网金融公司，其中包括积木盒子、草根投资网、公牛炒股、老虎证券、多彩投等。这些公司属于"小米生态链企业"，涉及领域有网贷、融投、债券、互联网理财、互联网证券等。

与腾讯、阿里等大型互联网企业相比，小米的金融布局起步并不算太早。但是，小米小步快走、步步紧跟的策略，使得小米并没掉队。如今，"小米系"已经拿下了券商、银行、保险、支付、P2P网贷等多块金融牌照，基本实现了全牌照布局。

小米跨界版图之手机游戏

随着小米生态圈的不断扩大，小米进军的领域也越来越多。小米互娱的出现，让其成功跨界到手机游戏领域。

小米互娱的模式是"游戏＋米聊＋影视"。2014年，米聊作为小米互娱产品群的旗舰进行全面升级，小米互娱从技术、服务、内容、文化内涵等各个方面都有所调整，并且在整合之后上市了第一款手机游戏——小米版"一网打尽"。

为了壮大小米互娱，尽快挖掘更多、更优秀的游戏团队，通过团队合作，为小米粉丝带来了更多不一样的好玩游戏，小米选择与2014Unity游戏机应用大赛合作。为此，雷军专门给本次活动注入了1000万元的天使投资。

2015年，小米互娱与中国手机游戏携手合作，旗下产品"全民枪战"不仅为小米手机用户提供了一款游戏，包括小米电视、小米平板等在内的所有娱乐硬件终端都可以享受这款游戏，而这深受小米用户的青睐。据悉，这款游戏在上线短短5天时间里，流水就已经超过了5000万元。

2017年，小米互娱接连推出"小米枪战""小米超神"两款游戏，大众对小米的品牌认知也在发生改变——用"为发烧而生"似乎无法完全诠释小米，如今跨界到手机游戏领域的小米，已经学会沉下心来，从内容层面上为"米粉"贡献更多元化的内容。

小米跨界版图之云服务

随着小米的不断发展，MIUI也开始逐渐适用于更多的Android操作系统手机，在小米用户与日俱增的情况下，传统的自建存储服务器模式已经无法满足小米庞大的用户所产生的暴增式存储量。此时的小米需要一种全新的云服务来解决其所面临的问题。于是，小米建立了自己的云服务。

2014年年底，雷军正式提出了自己的小米云服务战略：小米联合金山软件对世纪互联投资 2.96 亿美元。具体操作是小米只负责应用层，即小米云服务；金山云负责中间层，提供云计算、云存储服务；世纪互联作为被投资方，负责基础层，如设备托管、CDN 等。就这样，小米联合金山软件开始全面进入云服务市场。

提起云服务，很多人会想到阿里云、百度云、腾讯云，在"连接一切"的时代，BAT 早已提前布局云服务领域。那么，对小米来说，进入云服务市场又能收获什么呢？

首先，云服务正在成为小米手机的核心竞争力。在大数据爆炸的时代，数据对人们生产、生活的影响越来越明显，智能设备也开始融入人们衣、食、住、行等各个方面，这些智能设备都需要互联网，未来冰箱、空调、电视都会依赖于互联网，互联网产生的大量数据则通过云端来处理，云服务将为小米智能终端的用户带来更好的体验，并为小米用户打造个性化的手机。这一切都依赖于云服务在智能家居、智能硬件上的爆炸式数据增长。

其次，云服务能够帮助小米建立完整的生态链。在大数据爆炸的时代，仅仅依托他人的帮助是不能很好地构建自己完整的生态链，由于云服务涉及网络基础设施、机房搭建、CDN 和 IDC 建设，因此，小米采取投资的方式来绑定利益关系，从而建立自己的生态链，将小米打造成全国最大的云服务商之一。

虽然，云服务对小米未来的发展至关重要。但是，在阿里、百度、腾讯等强大的对手面前，小米云服务想要杀出一条血路并不是一件简单的事情。就目前来看，突破 2 亿用户、数据存储超过 150PB、存储照片超过 600 亿张的小米云服务交出的成绩单还算亮眼。

6. "新国货运动",小米的新情怀

小米的问世源于雷军的追梦情怀,小米的成功在于雷军懂得如何营造情怀。当小米陷入低谷时,雷军又打出"新国货"的情怀。"新国货"成为"为发烧而生"之后,小米的又一个响亮口号。

2015年,在小米电视2S的发布会上,雷军身后"新国货"三个遒劲有力的红色大字十分醒目,作为补充,"国"字上白色的"小米中国梦"五个字也特别耀眼。随后,雷军宣布了小米的最新产品—— 一款符合中国国情的净水器和雷军认为的"年轻人的第一台电视"。

其实，小米并不是"新国货"概念的首创者。早在2011年，美特斯邦威就打出过"新国货"的口号，爱国者更是将"长城永不倒，国货当自强"的运动推向了一个新高潮。在手机行业，魅族也曾发起过国货运动。与其他品牌倡导国货运动不同的是，小米打出的旗号是用工匠精神，做感动人心的"新国货"。

2016年，雷军登上了连线杂志《WIRED》英国版的封面，标题为《是时候山寨中国了》，引发了众多媒体的关注。在这篇报道中，雷军表示，过去的5年小米确实创造了一个奇迹；未来5年，小米真正要做的事情不是要创造奇迹，而是要成为新国货运动的推动者。

在中国消费者跑到日本、美国、韩国"买买买"的现实面前，雷军提出"新国货运动"，倡导工匠精神其实是非常应时应景的。而且，从小米进入手机行业后，国产手机虽然成为一片"红海"，但无论是硬件配置还是软件优化，国产手机与国际品牌之间的差距都越来越小。作为颠覆者的小米，提出"新国货运动"看起来也是合情合理的。

可惜的是，小米过于倚重营销的形象已经在人们心中打下烙印。所以，看起来"高、大、上"的"新国货"口号对消费者来说更像是小米的作秀，还有人认为这是小米的"民粹营销"。面对质疑，雷军表示："我想的更多的是，我们所做的一切，决不是为了一句漂亮话，或者一句口号，我们的目标，也决不是去抢什么市场第一，而是，老老实实日复一日，做出感动人心的优质产品，做出让所有人都买得起的优质产品。"

雷军以"新国货"的情怀拔高小米的品牌度同时惠及众多垂直行业的方式，对小米现阶段以及未来的发展都意义深远。虽然，各种质疑和对抗的声音也随之出现，但小米作为一家科技公司，只要拿出消费者认可的高品质、高性价比产品就足以说明一切。

那么，小米是不是能够如雷军所言，打造出更多比国外品牌品质更好、价格更低的"新国货"，成为像索尼之于日本、三星之于韩国那样带动中国工业发展的公司呢？我们只能拭目以待。

第六章 "王者"小米重返巅峰

1.厚积薄发,小米生态链公司崛起

2013年,小米是当之无愧的互联网明星企业。但是,即便在小米最风光无限的那段日子里,雷军发出要进军智能家居、打造小米生态链的声音时,依然逃不开被质疑的命运。从看不起,到看不懂,最后到学不会,这是外界对待小米手机态度的发展轨迹。如今,这一轮回,似乎又要在小米生态链上重演一回。

雷军曾对外表示,布局 IOT,发展生态链,是为了绕开 BAT 这三座大山。如今,小米生态链的野蛮生长,快速崛起,不仅给了小米直面阿里、腾讯的自信与实力,更让小米跃升一线阵营,成为与百度平起平坐的合作伙伴。从小米的发展态势来看,手机代表着小米的过去与现在,生态链代表着小米的未来。

2018年年初,小米生态链下的主要经营可穿戴设备厂商华米,在纽约证券交易所挂牌上市。实际上,在小米生态链中像华米这样达到"独角兽"标准,估值超过10亿美元的企业还有三家。2017年,小米生态链囊括了99家初创公司,年收入总额高达31.6亿美元。在中国创业圈,甚至流传着这样一句话:生活消费品想融资、谋发展,请加入小米生态链。那么,小米生态链是如何在5年内,从一个构想变成一个帝国的呢?答案马上为您揭晓。

小米生态链公司崛起关键词一:竹林效应

几年前,小米的增长速度超乎想象的快:第一年126亿元,第二年314亿元,第三年743亿元,第四年近800亿元。在小米的发展过程中,很多人对这种"不正常"的增长表示担忧,因为快速增长的背后,往往意味着巨大的风险。对此,小米的态度比较坦然，因为在他们看来，科技类公司的发展都是高速的。如今的互联网巨头微软、谷歌、Facebook 也都是在短短几年内实现飞速发展的，这就是一个科技公司加速发展的时代。

小米把传统公司比喻为松树，其成长的时间可能需要经过 100 年。但是，有一天它的内部空了，那这棵松树倒下只是一瞬间的事情。我们看到诺基亚、摩托罗拉手机业务的失败，实际上就是松树成长的逻辑。

在前车之鉴面前，小米努力遵循着竹子的成长逻辑。简单而言，在互联网的环境下，小米高速发展的商业模式更像竹子，一夜春雨，像小米一样的创业公司就长大了。虽然竹子的生命周期可能很短，就像很多互联网公司的生命周期都不长一样。但是，竹子能够快速地形成竹林，这种能力是非常重要的。要知道，在快速成为竹林之后，新的竹笋不断发出，自身弹性也会不断增强，很快一片能够抵抗风雨的竹林就会壮大起来。

小米的生态链，就是用投资的方式来寻找属于自己的竹笋，然后把整个生态链公司变成一片竹林，生态链内部实现新陈代谢，不断地有新的竹笋长成，而老的竹子死掉也不会造成很大影响，因为竹林的根部非常发达，能够不断地催生新的竹笋。这就是小米生态链得以快速发展的竹林效应。

对新加入小米生态链的团队而言，小米可以提供庞大的用户群、充足的资金支持、相对成熟的产品方法论，以及强大的供应链资源。这些营养与水分，可以帮助创业团队，在幼竹生长期，得到前所未有的滋养，从而在短时间内进入成熟期。经过这一过程，小米生态链打造了一个又一个爆款产品。

智米是小米从零孵化的一家创业公司，其第一个爆款是小米空气净化器。最初，这家公司只有创始人苏峻自己，后来他一边研发净化器一边组建团队，在第一款产品出现且锻炼了队伍之后，这家公司的雏形才慢慢形成。小米空气净化器，就如同破土而出的竹笋，在净化器市场，它的出现不仅厘清了整个产品的流程和供应链，同时也让智米成为空气净化技术的领先公司，并吸纳了众多这一领域的顶尖人才。

智米的目标是做一家智能环境电器公司。由于净化器产品不会永远是爆款品类，所以，累计技术经验和团队实力的智米，还将触角拓展到电风扇、加湿器等领域，所有与家庭环境相关的产品，未来都将成为新的"竹笋"。

紫米和智米一样，也是小米生态链孵化的创业公司。在紫米的成绩单里，最为突出的表现就是小米移动电源。紫米打造的这一爆款，可以说重新定义了移动电源这个行业。在打造爆款的过程中，紫米打通了供应链，并且成为电源领域的专家，这使得紫米有了更多的发展空间。之后，紫米开始为生态链上的其他企业提供电池产品，成为其他企业的供应商，并帮助它们完善电源技术。紫米在吸收小米生态营养的同时，也在不断强壮自己的根系，繁衍更多的竹笋。每个竹子在地下相连，整个生态系统的根系也就更加强大。

在互联网时代打造生态系统，延续传统的松树思维显然是行不通的，所以，小米选择在竹林理论的基础上建立自己的生态帝国。而这种投资方式，在一棵棵竹笋长成一片竹林之后，自然也会生生不息地延续下去。

小米生态链公司崛起关键词二：速度与效率

在移动互联时代，衡量公司发展状况有两个重要的维度，一是速度，二是效率。

在产品快速迭代的环境下，速度稍慢就可能错过一波市场行情。以小米手环为例，如果按照传统模式，可能10年也无法取得今天的成绩。但是，用小米的方法，一款爆品一年之内就从小众产品成为现象级产品。小米把产品发展的时间轴大大缩短，所以，在其他企业还没反应过来之前，就已经失去了市场先机。这就是小米生态链的速度。

实际上，速度不仅意味着先机，同时，速度还是保持先锋性的关键。在打造智能硬件产品时，先锋性是非常重要的。一家企业具有了先锋性，才能吸引最顶尖的人才加入、吸引更多的投资者关注。当然更重要的是，具有先锋性的企业，才能引起更多媒体的关注，从而提高曝光度。简单来讲，先锋性可以聚拢更多资源，资源多了，势能也就出现了。

在移动互联时代，一切节奏都在加快。所以，先锋性可以带来两三年的势能,但很难维持更长的时间,这一点在小米手机上就表现得非常明显。为了保持生态链的发展速度,维持产品的先锋性,小米定了以下目标:首先,保持小米品牌热度;其次,提供销售流水的支撑;最后,加大小米的想象空间。

小米生态链的速度确实让其以迅雷不及掩耳之势打开了智能硬件市场。实际上,小米产品可以做到优质低价,进入一个行业就成功颠覆一个行业,最关键的因素就是高效。

与小米手机的核心"高品质+合理价格"一脉相承的是,小米生态链在效率的追求上,通过对每一细节的仔细雕琢依旧做到了极致:从产品的研发到运营,到生产制造,到营销,再到售后服务,等等。

首先,在产品的定义与规划阶段上,小米生态链为了追求效率,确定了满足80%用户的80%需求的"8080原则",以及保持极简风格、先做基础款等,都是整个生态链追求效率的体现。

其次,在生态链资本的供给和现金流的维持上,小米通过小米金融，涉足银行、支付、众筹等多个业务领域，目的之一就是用资本手段提升生态链效率。

最后，在销售渠道上，与天猫、京东等不同，小米"前店后厂"（消费者下单，小米仓库系统收到订单，并安排快递员进行配送）的模式，有效地去除了许多中间环节，提升了"三流"（产品流、资金流和信息流）的效率。

小米生态链公司崛起关键词三："蚂蚁市场"

2013年，小米生态链创业公司青米开始涉足插线板领域。在市场调研阶段，他们发现一个有趣的现象：插线板产业排名第一的企业是公牛，其市场占有率达到30%；排名第二的是突破电器，其市场占有率却不到3%。更让人惊讶的是，整个插线板市场没有第三名，也就是说，剩余的市场份额被数以万计的小公司、小品牌占据着。

一般来讲，成熟的市场模式是这样的：一个领域有两三家巨头，服务于80%的用户，此外的20%市场由专注细分领域的小公司占据。但是，在中国，很多行业没有按照这一模式发展。在许多消费领域,例如插线板,巨头企业占据一定市场份额,剩下市场被数以万计小厂商瓜分,这种被瓜分的市场也称为"蚂蚁市场"。

"蚂蚁市场"的特点是门槛低、低价竞争激烈,所以,"蚂蚁市场"里的产品呈现"要么贵,要么差"的状态。而这也造成了消费者没有更好的选择,巨大的消费需求得不到释放。在中国制造业发展的这些年,消耗同样的资源,产出大量劣质产品,形成中国制造廉价与低质的形象。可以说这是整个产业的悲哀。

小米生态链选择从"蚂蚁市场"切入整个智能硬件领域,做了移动电源、插线板等。结果证明,小米在"蚂蚁市场"上推出的几款产品都获得很大的成功。关于小米生态链产品为什么能够快速地打入"蚂蚁市场",小米团队给出的解释是"打破惯性,走出舒适区"。

蚂蚁市场,大多是成熟的市场,这些市场保持旧有模式的时间在 10 年、20 年以上,许多年没有改革,大家都活在舒适区里。

青米团队进入插线板领域时,插线板内部的静电电路长度与结构设计普遍超过50厘米,结构设计很不紧凑,这样的模式二三十年不曾变动过。为什么没有改变?因为过去的模式可以实现插线板的基本功能,安全性也通过检验,整个产业上下游对此也很熟悉,生产这种结构的插线板又快又便宜。

"大家都待在自己的产业舒适区里,都觉得没有必要改变。当我们进入这个领域的时候,愿意跟我们一起尝试新的生产制造资源非常少。而对我们来说,要改变一种旧的模式,就意味着我们要付出更多,重新研发,进行上万次的测试,不断地改变既有的认知。"

"第一代革新者做1款产品的时间,往往是跟进者的50倍。看到再做和想到去做,要花费的成本截然不同。然而一旦找到了更好的解决方案,整个行业就可以跟进了。也就是说,我们的传统行业,蹚出了一条全新的道路。"

青米的技术总工程师刘永潮感慨道,青米插线板的内部结构里,除了弹簧的螺丝不是我们自己开发的,其他所有的部件都是在按照 0.1 毫米误差进行调整。

小米生态链公司崛起关键词四:"8080 法则"

在消费升级的市场环境下,小米以"满足 80% 用户的 80% 需求"原则为指导,从高端产品大众化(如平衡车、扫地机等)和大众产品品质化(如电饭煲、旅行箱等)两个角度来解决产业级痛点,打造智能硬件产品。

消费者的需求是多样化、个性化的,所以,想要准确把握用户痛点并不是一件简单的事。对此,小米生态链的策略是用"80% 用户的 80% 需求"标准去筛选,即使用户有几百个痛点,经过这一标准能够留下来的也只有少数几个。

举例来看,小米生态链企业华米在定义第一代手环时,有的用户希望待机时间久一点,有的用户则喜欢外观更时尚的产品,还有用户想要增加闹钟等定制功能……可以说,用户的需求简直数不胜数。但是,在"8080"原则下,其实用户的刚需只有 3 个:计步、闹钟、测睡眠。

在"8080"原则的指导下,小米生态链在开发设计产品时,将目光聚焦在大众消费者的刚需上，着力设计通用性上佳的功能型产品。事实上，功能的聚拢不仅保证了产品的核心功能可以服务大众市场，同时起到了有效控制成本的效果，在规模效应的带动下最终产生了一个又一个爆款。

小米对于生态链来说就像航母，而生态链对于小米就像一座金矿。2015年，小米手机业务遭遇滑铁卢，出货量与营收双双跌入低谷时，小米生态链陆续推出的新品，成功帮助小米创造了市场热点，保证了小米整体的高速增长。2017年，小米生态链销售额突破200亿元，相较2016年增长100%。可以说，小米生态链在保持小米品牌热度、提供销售流水支持之余，生态链产品更是以其高性价比以及优秀的用户体验，为小米带来了许多新用户，而这些新用户正在帮助小米的用户群完成升级。

2.那些年我们一起追过的小米"爆品"

小米自问世之日起,就像一个爆品制造机。在苹果、三星等国际品牌叱咤风云,国产厂商互相厮杀的岁月里,横空出世的小米手机以准确的市场定位以及足够优秀的产品品质,成功地进入市场,成为备受用户追捧的现象级爆品。自小米手机"爆品"成功之后,尝到甜头的小米在打造生态链时,依然延续爆品战略,为用户呈现了一系列不得不追的小米"爆品"。

小米"爆品"之小米手环

小米手环,作为最成功的小米产品,凭借超高的性价比,2015年全球销售量已经超过1200万只,让华米科技一跃成为全球第二大可穿戴设备公司。分析认为,超长的续航、全防水设计、实用的基础功能以及低廉的价格,是小米手环成为第一爆品的关键。

2016年,小米乘胜追击,推出了小米手环2,这款产品与上一代的最大区别就是加入了OLED屏幕,能显示时间、心率、步数、里程、热量、电量6种常规信息,能显示久坐、App、来电、短信、手机、手环闹钟、运动达标7种提醒信息。屏幕信息可自由定制,另外手环下方还增加了触控按钮,方便切换显示内容。此外手环加入了抬腕亮屏功能,在不方便触摸按键时,轻抬手腕即可查看显示屏数据。值得一提的是,功能强大的小米手环2售价仅149元。

官方消息显示截至2017年4月,小米手环全球市场累计出货量已超过3000万只,可以说,小米手环是中国消费电子领域的骄傲之作。

小米"爆品"之小米移动电源

雷军曾讲过"市面上只有两种移动电源：小米移动电源和假的小米移动电源。"雷军的这番话显然有夸张的成分，但是，小米移动电源推出后一年就创造了狂卖2000万台的惊人纪录，确实是对移动电源行业造成了颠覆性的冲击，所以，小米移动电源绝对是值得惊叹的爆品。

小米移动电源虽然是国产品牌，采用的电芯却是来自LG/三星等国际顶级电芯供应商原装定制的电芯，拥有高达10400毫安时超大容量，可以为手机、平板、数码相机提供较长时间的续航能力。在设计上，小米移动电源的机身经过阳极氧化喷砂处理，有着闪亮的金属光泽，表面更有可防汗、防腐蚀的功能，便于随身携带。

值得一提的是，小米移动电源的销量一直非常好，所以，为了更好地满足市场需求，小米相继推出了一系列移动电源产品。新品在保持原有设计水准以及产品品质的前提下，依然保持了高性价比的特色。

小米"爆品"之压力IH(电磁加热)电饭煲

小米推出的米家IH电饭煲由纯米科技历时两年打造,其核心研发团队成员包括来自日本的内藤毅,内藤毅既是压力IH电饭煲"发明人",也是前三洋电饭煲事业部开发部长。

这款电饭煲在采用IH(电磁加热)技术和1.2倍气压控制技术之外,还采用了灰铸铁内胆工艺以及智能化功能。此外,除了常见的预约煮饭和云端菜谱等App端功能,米家电饭煲提供的"智能煮饭方案"也颇具黑科技范儿。

既有传统高端电饭煲拥有的技术和工艺,又有智能化的黑科技元素,米家电饭煲代表新品牌的首秀堪称亮眼。如果说这款电饭煲产品有什么缺点,那就是其999元的定价。由于999元的定价远超国产电饭煲主流价位,所以,米家电饭煲的潜在用户群体也来到了更为小众的高端消费人群。

小米"爆品"之小米 AI 音响

2017 年 7 月 26 日,小米正式发布了售价 299 元的小米 AI 音箱"小爱同学",这是小米推出的第一款 AI 智能音箱。这位"小爱同学",是小米在音频领域和人工智能语音领域技术积累下的结合体。

这款 AI 音响保持了小米一贯的简约风格,提供了 6 个数字麦克风,支持 360 度收音,远程语音控制也不在话下。用户只需通过一句"小爱同学"便可唤醒音箱,然后根据用户的指令完成相应的操作。

"小米同学"除了能够完成在线音乐、网络电台、有声读物等传统音箱功能外,更是一把开启智能家庭的钥匙。当"小爱同学"与家用智能设备连接以后,便可对扫地机器人、空调、空气净化器、电视等智能家居设备进行控制,瞬间成为一个万能遥控器。

价格方面,这款 AI 音箱维持了小米一贯以来的高性价比,售价仅 299 元。人工智能技术的应用以及简约大方的工业设计,让小米AI音响一经推出,立刻受到了广大用户的青睐。无奈的是,受产能的限制,这款产品发布半年依旧一机难求。

小米"爆品"之空气净化器

2014年,智米科技研发的第一代空气净化器发布售价899元,对于当时在售净化器几乎没有2000元以下的产品市场来说,真的可以用"血洗"整个行业来形容。这也让更多的人可以在雾霾季来临时,用最实惠的价格购买一款真正有用的产品。

随后的2015年小米空气净化器2发布,优化了风道设计,还将价格降至699元,这款产品拥有更好的口碑,从淘宝评论中也可以看到消费者对小米净化器的正面评价,更多用户愿意选择小米空气净化器。这款产品在2016年年底甚至一度卖脱销,即使黄牛加价到千元都有不少人抢购。

小米净化器产品在保持了性能和价格优势外,其智能化的设置也是备受欢迎的一大原因。使用小米净化器产品用户可以通过手机看到家中PM2.5指数,也可以远程控制、开关机、模式切换等,还可以设置自己的"最爱模式",可根据不同的面积，调整至最合适的净化效率，平衡噪声，以节能和效率来运行净化器。

小米"爆品"之扫地机器人

2016年8月，小米推出米家扫地机器人。这款产品机身遍布了包含LDS激光测距等12种传感器，能够精准探测室内空间，准确定位。得益于每种传感器的作用，在沿墙清扫能力、越障能力和悬崖探测方面米家扫地机器人都有着非常好的表现。

在设计上，米家扫地机器人采用了模块化的设计构造，全身采用了简洁的白色，延续米家产品简洁优雅的特点，同时上方的LDS激光测距传感器采用了红色的设计，更是画龙点睛之笔，让整个米家扫地机器人的外观更具有观赏性，更像是家中的一件艺术品。

截至2018年1月，小米米家扫地机器人总销量突破100万台。从销售数据和用户评价来看，米家扫地机器人绝对是一款收获销售与口碑的爆款产品。

3.技术创新让小米载誉而归

在手机市场,一个品牌一旦进入销售下滑的轨道,那么,这个品牌也就进入了告别市场的倒计时中,摩托罗拉、诺基亚就是最好的例证。像小米这样在经历断崖式销售下滑后,还能强势回归的只此一家。那么,小米究竟是如何上演这场逆转好戏的呢?简单来讲,小米得以重回巅峰,完全得益于其死磕技术创新。

提起小米的技术创新,很多所谓的专业人士都表示不屑,甚至有人批评小米是缺乏核心技术的公司。事实真的如此吗?美国著名商业杂志《Fast Company》发布的"2017全球最具创新力公司"榜单中，小米公司同时入围2017全球最具创新力的公司、最具创新力的中国公司及全球最具创新的消费电子类三项排行榜。

在2017全球最具创新力的公司中，第一名被美国亚马逊公司夺得，小米排名第13；在2017全球最具创新的消费电子类排行榜，小米排名第4，位列亚马逊、谷歌、苹果之后；在最具创新力的中国公司排名中，阿里巴巴、腾讯、小米分列前三甲。通过此次评选，《Fast Company》对于小米的评价是这样的：小米公司在国际市场的销量取得了惊人的增长——2016年秋季印度卖出200万只智能手机，我们希望小米公司可以凭借其设计优良的小米MIX和小米Note2再次重回销量巅峰。

《Fast Company》提到的Note2和MIX是小米推出的两款重磅旗舰手机，其中小米MIX由全球最负盛名的工业设计大师菲利普·斯塔克（Philippe Starck）操刀设计，从享誉全球的路易斯幽灵椅和外星人榨汁机，到乔布斯"维纳斯号"游艇、法国总统官邸"爱丽舍宫"室内设计等，这些惊世杰作全部出自这位大师之手。

小米力邀国际级设计大师潜心打造的MIX手机，凭借优秀的设计和工艺不仅得到了全球用户的关注与好评，同时还获得了IDEA设计金奖。作为全球三大设计奖项之一的IDEA，在37年的历史中只为12款手机颁发过创新金奖，即使是苹果这样的公司，也只有第一代iPhone获得了这个殊荣。

小米MIX超前的设计理念让其成为全面屏手机的领航者。这一次小米的创新可以说为未来手机设计指明了方向，而这也让小米MIX成为著名博物馆相继收藏的重要理由。自2017年9月，小米MIX先后被芬兰设计博物馆、法国蓬皮杜艺术中心、德国慕尼黑国际设计博物馆收藏。小米MIX取得了被世界三大博物馆收藏成就，近年来，我们很难再找到一款手机能够获得如此多的殊荣。

10年前，iPhone定义了今天智能手机的样子。那么，10年后的手机将会是什么样子呢？科幻电影告诉我们，未来的手机可能就是一款透明玻璃，小米今天打造的全面屏手机就是在这一概念下应运而生的。可以看到，自小米MIX发布以来，几乎所有公司都开始做自己的全面屏手机。这一次,小米的创新精神,不仅让小米站到了世界手机设计的巅峰,同时也引领了未来手机设计的方向。

除了全面屏以外,小米还极大地推动了精密陶瓷工艺在手机上的应用。其实,陶瓷是手机外壳非常理想的材质,相比玻璃更适合做手机的后壳。陶瓷温润如玉手感好,但由于陶瓷的加工难度大、成本高,而且产量还低,导致陶瓷材质不受手机厂商待见。在这种背景下,小米"为了追求工艺的极致,不惜代价",推出全陶瓷机身设计的MIX。我们相信,在小米勇敢的尝试下,将会有越来越多的手机厂商选择陶瓷机身。

其实,小米在技术创新上做了很多事情。比如,在手机芯片方面,小米推出了一款中高端处理器——澎湃S1,并且小米还推出了搭载这款中高端处理器的手机,对此,用户肯定的声音还是比较多的。除此之外,小米也越来越重视研发和专利申请。2016年,小米全年申请了7071项专利,专利的获得一般要晚两三年,所以未来的两三年将是小米获得授权专利的高峰期。

在手机设计之外，2017年，小米米家电动滑板车获得了2017年德国红点最佳设计奖和日本Good Design Best 100奖项，米家LED智能台灯获得德国2017iF设计金奖，加上IDEA设计金奖，小米实现了工业设计的"大满贯"。

在快速发展的道路上，陷入低谷的小米并没有一蹶不振，而是不断地反省，积极地"补课"，终于在完成凤凰涅槃一般的改造以后，小米的技术与研发在经过时间的沉淀之后开始爆发小宇宙的力量。今天，我们才可以看到，凭借MIX、Note2以及生态链上一系列优秀产品载誉而归的小米重回事业巅峰！

4. 开拓国际市场，小米很 OK

2015年，印度，亲赴小米手机发布会的雷军应该是既兴奋又紧张的。可能就是在这种复杂情绪的作用下，雷军开始用不太娴熟的英语频频向台下的粉丝询问"Are you OK？"之后的故事很多人可能都知道，关于"Are you OK？"的恶搞视频开启了雷军的网红之路。但是，很多人可能还不知道的是，也就是那时起"小米旋风"开始正式刮向海外市场。

在国内智能手机市场出现"天花板"，同时又遭遇华为、联想、中兴等品牌围剿的情况下，拓展国际市场对小米来说无疑是打破瓶颈的最佳选择。然而，中国品牌的国际化从来就不是一蹴而就那么简单的，小米的出海也遭遇了专利危机、地方保护政策等种种问题。在为国际化交了"学费"之后，小米的海外拓展之路才逐渐步入正轨。2017年，海外市场的销售业绩更是将小米拉出销售低谷，一扫小米手机出货量持续下滑的阴霾。

小米手机在国内市场的成功离不开"饥饿营销""粉丝经济"等宣传推广模式。但是，在海外市场，小米的营销显然并没有太大的发挥余地。那么，小米究竟是如何拓展并征服海外市场的呢？接下来，我们就来分析一下"小米旋风"是如何刮向国际市场的。

小米国际版图之印度

虽然小米在印度遭到爱立信的起诉，但这并没有影响小米在印度的高速发展。从禁止小米在当地销售，到小米创始人雷军受到印度总理莫迪接见，短短两年时间，小米在印度再次书写了自己的传奇。

数据显示，小米手机在印度市场2018年第一季度的销量已经大幅超过三星，成为名副其实的第一名。而小米在印度市场成功"打败"三星的关键就在于其性价比。印度消费者对价格非常敏感，小米手机的高性价比显然非常适合印度市场。据悉，小米新出的手机Mi4i很多配置都盖过Mi4，其打出的价格竟然才12000卢比（约合人民币1200元），比同配置的其他品牌价格低一半以上。在印度这个汽车和房子都要做到全宇宙最低价的地方，价格几乎决定一切。

此外，与其他进军印度市场的品牌比，小米的本土化也是其迅速打开市场的重要因素所在。2017年2月，小米印度市场主管马努·杰恩（Manu Jain）被晋升为全球副总裁并出任小米印度公司的董事总经理。杰恩是印度本土电子商务公司Jabong联合创始人，2014年6月加盟小米印度公司。作为一个印度本地人，杰恩不仅充分地理解了小米公司的理念，而且在他的带领下，小米印度团队从几十人发展到现在的300多人，且绝大多数是印度本地员工。

小米团队的本土化使小米在印度非常接地气，比如团队成员在社交媒体的互动以及针对女性做的一些公益项目。此外,小米在印度已建造了三个工厂,其中两个生产手机、一个生产移动电源。这使得在印度销售的手机基本都是本土生产,同时也让小米在印度完全像是一家本土公司。

值得一提的是,小米在印度还引入了当地资本。2015 年 4 月,小米印度公司在其 Facebook 官方账号上宣布,印度工业巨擘塔塔(Tata)的名誉主席拉坦·塔塔(Ratan Tata)对其进行了一笔投资。塔塔集团可以说是印度的巨无霸,影响力无处不在,2010—2011 财年营额高达 833 亿美元,相当于印度当年 GDP 的 6.14%。有了"地头蛇"的保驾护航,小米在印度的发展自然也获得极大的便利。

小米国际版图之东南亚

2017 年 2 月,小米宣布在印尼本土生产手机,预计年产量可达 100 万台;同年 2 月,小米相继宣布进军巴基斯坦、阿联酋市场。按照小米目前的发展速度,在不久的将来,"小米旋风"将席卷整个东南亚市场。

在整个东南亚战略布局中,小米在印尼市场的发展可以说是非常成功的，而这一胜利果实的取得就在于小米对"印尼制造"技术的推动。小米在印尼本土的第一家工厂位于巴淡岛，年产量达 100 万台，从 2017 年开始，小米已经实现印尼产品 100% 本土化。资料显示，最新的"印尼制造"手机红米 4A 售价约合人民币 775 元，更符合当地市场的消费现状。

2018 年，小米对东南亚市场发起"总攻"。1 月 6 日，越南第一家小米授权店在胡志明市开业。当地"米粉"凌晨 4 点就来排队，开店后门外人山人海。2 月 19 日，小米授权店首次进驻菲律宾首都马尼拉的市中心，吸引了超过 2000 人到场。此外，小米还将目光投向泰国市场，计划在泰国开设 190 家店铺，包括 70 家"优先店铺"、25 家授权店铺、30 家 TG 店铺，以及 60 家 Jay Mart 店铺。

小米国际版图之俄罗斯

2016 年，小米正式进军俄罗斯市场。实际上，在此之前，俄罗斯消费者早对小米品牌有所耳闻。小米手机、小米平板电脑以及其他产品早已通过非正规渠道自中国市场销往俄罗斯。

目前，小米通过与RDC合作的方式，在俄罗斯市场销售小米MIX、小米Note2和红米4X等产品。数据显示，2017年7月，小米已成功抢占了俄罗斯智能手机市场，其手机销量达到4.4%，与Fly和联想两大品牌，一同跻身俄罗斯智能手机销量前5名。此外，同年11月，"小米之家"在莫斯科建立了第一家门店。值得一提的是，这家门店也是全球首个7天24小时营业的"小米之家"。

小米国际版图之欧洲

小米的海外销售成绩虽然十分耀眼，但是，在很多人眼中，小米还是无法打入发达国家市场。实际上，目前小米已经登录欧洲市场，2017年11月，小米MIX2和小米AI智能手机（国内小米5X）已经在西班牙上市销售。除了手机产品，一起销售的还有米家电动滑板车、小米盒子、小米手环等一系列智能硬件产品。

为了更好地打开欧洲市场，小米宣布与李嘉诚旗下的香港长江和记展开合作。根据双方的合作协议，李嘉诚旗下的"3集团"（3 Group）和英国"3公司"（Three UK）将销售小米产品。通过这次合作，小米产品将成功登陆奥地利、丹麦、爱尔兰、意大利、瑞士等国际市场。

小米国际版图之美国

在开拓美国市场时，小米并没有采取以往那种扩展销售渠道的强攻态势，反而选择更为稳健的合作形式，通过与科技巨头强强联手，强化自身实力、增加曝光度，以软实力赢得市场。

2018年2月，小米与微软签署战略性合作备忘录，双方将在云服务支持、笔记本电脑类设备、微软小娜与小米智能音箱、人工智能方面展开合作，并进一步地将云计算、人工智能等领域的技术储备与小米移动智能设备深度结合，为小米产品进入国际市场增添新动力。

而在增强现实体验方面，2018年2月24日，小米宣布与Google达成合作，手机上即可实现增强现实体验，这些设备和相关体验将会很快面世。

中国手机品牌赢得了美国市场的认可，可以说是中国手机品牌实现国际化战略的"成人礼"。目前，中兴还在兢兢业业地摸索着美国百姓的消费模式，华为还在挣扎中。所以，对小米还说，征服美国市场还有一段很长的路要走。

中国品牌的国际化发展是一场持久战，想要取得最终的胜利，需要的是技术、品牌、资源等综合实力。目前，从销售数据来看，小米的国际化进程已经有所起步。但是，小米离成为世界伟大公司的目标，显然还有一大段路程要走。在小米IPO之后，我们相信雷军将带领小米走出一条中国企业的国际化之路。

5. 上市即成功：小米前景可待，未来可期

2014年，小米估值达到450亿美元。在很多人看来，这是小米IPO的黄金时期。但是，在市场与用户的翘首企盼中，雷军给出了5年内不上市的答案。

2018年5月，小米向港交所提交IPO申请文件。关于上市，雷军食言了。毕竟，做企业最大的确定性，就是它的不确定性。所以，我们看到"超级独角兽"小米提前开启了上市征程。

关于估值的猜想

关于上市,人们最关注的莫过于小米上市之后的市值能够达到多少,从最早传闻的2000亿美元,到后来的千亿美元,通过这些惊人的数字,不难看出人们对小米这个"新物种"的期待值究竟有多高。

事实上,在小米上市的消息发出之后,关于其估值的报告从未停止。数据显示,此次小米首次公开募集资金约47亿美元,估值约540亿美元。此后,J.P.摩根和瑞信分别给出了940亿美元和920亿美元的极高估值。直至小米正式提交IPO申请,华尔街日报称小米估值在700—800亿美元,彭博则认为小米估值可能低至600亿美元。关于公司的估值,雷军公开表示"我不care小米是不是互联网公司。很多人问我到底是给小米腾讯的估值还是苹果的估值,我说我要给腾讯乘以苹果的估值,因为小米是全能型的。"

对于"全能型"的小米,市场似乎并不买账,2018年7月8日,小米的估值从各种猜想定格为543亿美元。作为香港资本市场第一家"同股不同权"创新试点,小米的上市无疑是一次巨大的成功。虽然543亿美元的数字,已经让小米跃身有史以来全球科技股前三大IPO,但在雷军眼中小米的价值远不止于此。

关于破发的"尴尬"

在小米成功登陆港交所之后,其股价表现就成了人们关注的焦点,事实上,不少投资人和媒体都在观望小米是否会破发。

尽管小米将股价定在了发行区间下限的17港元,但开盘之后,小米股价即遭破发。面对股价的下跌,雷军表示"跌是一个过程,小米在过去八年中经历了跌宕起伏,这次IPO能从低一点开始,未必不是一件好事"。对于小米股价的不良表现,相关财经分析师也表示,首日上市是否破发,不影响股票长期表现。

作为"新物种""新经济"代表的小米突破之前传统商业模式、产品模式和资本运作模式,而这也给IPO市场带来根本转变。以全球市值最大互联网企业Facebook为例,其发行价为 38 美元 / 股，上市第二天便跌为 34 美元 / 股，整整一年半以后，股价才回到 38 美元 / 股的价位。市场一开始预估 Facebook 从社交做广告导流的商业模式有问题，所以其股价一直表现不佳。但事实证明，Facebook 不仅实现了全球化的社交网络，而且其惊人的广告转化率也说明了传统的商业逻辑是错误的。

今天的小米，很像当年的 Facebook，同样是新兴科技企业，同样面对各种质疑与挑战。更为重要的是，小米的勇气和创新精神也将让其像 Facebook 一样，向世界证明一家伟大的公司必然会经历挫折，但只要坚持终将迎来属于自己的成功。

关于上市的资金回报

2010 年，小米在北京中关村银谷大厦正式成立，成立之初只有 13 名员工，除了雷军、林斌、黎万强和黄江吉 4 名联合创始人，还有 9 名创始团成员。经过 8 年的发展，这 9 名员工依然活跃在小米的各个重要岗位上，而小米目前的员工数量近 2 万人。随着小米的上市，早期员工的坚守也得到了可观的资本回报。据悉，截止2018年6月14日，小米已向7126名承受人（包括集团高管和其他雇员）授出购股权及奖励，合计约25.12亿股，这意味着，小米上市后，将产生9个亿万富翁和5500个千万富翁。

除了员工之外，小米的早期投资者也将从此次IPO中获益。统计数据显示，小米创立至今共完成9轮融资，其中最早的A轮融资是在2011年9月，融资额为1025万元。如今，随着小米的上市，雷军表示"最早期的VC，第一笔500万美元的投资，今天的回报高达866倍"。

小米上市之后，雷军的身家一直是外界最为关心的话题。据悉，当前雷军持有小米29.4%股份，以小米当前473.26亿美元的市值计算，雷军持有小米股份市值约139.1亿美元。据福布斯富豪榜实时榜单数据显示，此前雷军以124亿美元身家排在中国富豪榜第12位。小米上市之后，雷军身家直逼140亿美元的李彦宏。据悉，李彦宏在福布斯全球富豪榜排名为95位。

虽然小米上市之后即遭遇破发，但股市表现不佳并不能掩盖小米在技术创新和生态布局上的前瞻性。未来，随着 IOT 市场的发展，小米的技术发展和生态体系必将为其迎来新的发展契机。正如雷军所言"世界会默默奖赏勤奋厚道的人。小米上市是对我们奖赏的一部分，但这一切只是刚刚开始。成功上市只是小米故事中第一章的总结，第二章将更加华丽绚烂"。

附录1 雷军公开信：小米是谁，小米为什么而奋斗

您好！感谢您对小米的关注和支持。当您打开这篇文章时，看到的不仅仅是一家风华正茂、生机勃勃的公司，更是一幅由勇气和信任所支撑的新商业蓝图。

在此，我想向您说明，小米是谁，小米为什么而奋斗。

小米不是单纯的硬件公司，而是创新驱动的互联网公司

具体而言，小米是一家以手机、智能硬件和 IOT 平台为核心的互联网公司。我们的使命是，始终坚持做"感动人心、价格厚道"的好产品，让全球每个人都能享受科技带来的美好生活。

8 年来的每一天里，"和用户交朋友，做用户心中最酷的公司"的愿景驱动着我们努力创新，不断追求极致的产品和效率，成就了一个不断缔造成长奇迹的小米。

2010 年 4 月成立小米时，我和我的合伙人只有一个简单的想法：做一款让我们自己喜欢、觉得够酷的智能手机。我们 8 个联合创始人中，6 个人是工程师，另外 2 个人是设计师，都是消费电子设备狂热的"发烧友"。

"感动人心，价格厚道"这八个字是一体两面、密不可分的整体，远超用户预期的极致产品，还能做到"价格厚道"，才能真正"感动人心"。创新科技和顶尖设计是小米基因中的追求，我们的工程师醉心于探究前人从未尝试的技术与产品，在每一处细节上都反复雕琢，立志拿出的每一款产品都远超用户预期。我们相信打破陈规的勇气和精益求精的信念才是我们能一直赢得用户欣赏、受到用户拥戴的关键。

不只技术，我们还推崇大胆创新的文化。从手机工艺、屏幕和芯片等技术的前沿探索，到赢得的200多项全球设计大奖；从"铁人三项"商业模式，到通过"生态链"公司集群；从"用户参与的互联网开发模式"，到小米线上线下一体的高效新零售……创新精神在小米蓬勃发展并渗透到每个角落，推动我们不断加快探索的步伐。

目前，我们是全球第四大智能手机制造商，并且创造出众多智能硬件产品，其中多个品类销量第一。我们还建成了全球最大消费类 IOT 平台，连接超过 1 亿台智能设备。与此同时，我们还拥有 1.9 亿 MIUI 月活跃用户，并为他们提供一系列创新的互联网服务。

真正让我们自豪的并非是这些数字,而是中国智能手机和智能设备等一系列行业的面貌因为我们的出现而彻底改变。

我们推动了智能手机在中国的快速普及和品质提升,这为中国移动互联网的快速发展奠定坚实的基础。移动支付、电商、社交网络、短视频等行业在中国的蓬勃发展都有赖于移动互联网涌入了数以亿计的庞大人口。中国这一全球最大市场中,移动互联网行业的跨越式发展、成熟的背后,我们也被公认做出了很大的贡献。

优秀的公司赚的是利润,卓越的公司赢的是人心。更让我们自豪的是,我们是一家少见的拥有"粉丝文化"的高科技公司。被称为"米粉"的热情用户不但遍及全球、数量巨大,而且非常忠诚于我们的品牌,并积极参与我们产品的研发和改进。

浴火重生,小米商业模式被充分验证

作为一家年轻的互联网公司,小米的发展并非一路坦途。2016年,我们的市场占有率曾有过下滑。我们清醒地认识到,早几年过于迅猛的发展背后还有很多基础没有夯实,因此我们主动减速、积极补课。2017年，小米顺利完成了"创新+质量+交付"三大补课任务，迅速重回世界前列。

据了解，除了小米，还没有任何一家手机公司，销量下滑以后能够实现成功逆转。

浴火重生，小米经历了一家能够长期稳定发展的公司所必需的修炼。我们的管理更加有序，我们的人才储备更加充实，我们的技术积累更加深厚，我们的供应链能力和产能管理能力更加强大。

更为重要的是，我们的商业模式经历了考验，得到了充分验证。

小米不是单纯的硬件公司，而是创新驱动的互联网公司。尽管硬件是我们重要的用户入口，但我们并不期望它成为我们利润的主要来源。我们把设计精良、性能出众的产品紧贴硬件成本定价，通过自有或直供的高效线上线下新零售渠道直接交付到用户手中，然后持续地为用户提供丰富的互联网服务。

这就是我们独创的"铁人三项"商业模式：硬件+新零售+

互联网服务。小米至今的成就说明了这一模式强大的生命力。创业仅 7 年的时间,我们年收入就突破了千亿元人民币,这一成长速度是许多传统公司无法企及的。

效率的提升来自运营成本,尤其是交付产品给用户时的交易成本的极大降低。小米独特的商业模式使得商品既好又便宜得以实现,造就了用户信任的基础。

永远坚持硬件综合净利率不超过 5%

小米创办之初,我们就有一个宏大的理想:要改变商业世界中普遍低下的效率。

一件成本 15 美元的衬衣在中国的商店里要卖到 150 美元,定倍率有惊人的 10 倍。一双鞋的定价要加 5 到 10 倍、一条领带的定价加 20 多倍,这样的例子不胜枚举。

但我始终难以理解,为什么生产和流通的效率长期不能提高?为什么商业运转中间环节的巨大耗损要让用户埋单?为什么所有"cost down"的努力都只在那 10% 的生产成本里抠索,而从不向无谓耗损的那 90% 的运营和交易成本开刀?

小米有勇气、有决心推动一场深刻的商业效率革命。在

2011年年初,小米迎来第一次年会时,我向在场的全公司100多名员工和他们的家属说,我们要做出性能、体验都是最好的智能手机,只售300美元——当时主流的智能手机售价普遍在600美元以上。

伟大的公司都是把好东西越做越便宜,把每一份精力专心用于做好产品,让用户付出的每一分钱都有所值。

用户是我们一切业务运转考量的核心。小米前进的路上,我们一直在思考:从古至今,商业世界变化纷繁,跳出形形色色的商业模式话题之外,始终不变的是什么?

用户对"感动人心、价格厚道"产品的期待,这就是小米的答案。

我们的很多用户说,进入小米之家或者登录小米商城,可以放心地"闭着眼睛买",因为品质、价格一定都是最优的。这是对我们最大的肯定,也是我们的终极追求。

没有用户的信任,就没有我们追求的高效。用户的信任,就是小米模式的基石。效率,就是小米模式的灵魂。持续赢得用户的信任,我们的任何业务都将无往不利。一家真正实现世界级效率的公司，将拥有穿越经济周期、持续抓住行业涌现的新机会和长久保持优秀运营表现的能力。

"感动人心、价格厚道"不是一句空话，这八个字是我们的价值观和精神信条。在此，我要向所有现有和潜在的用户承诺：从 2018 年起，小米每年整体硬件业务的综合净利率不会超过 5%。如有超出部分，我们都将回馈给用户。

因为，我们始终坚信，相比追求一次性硬件销售利润，追求产品体验更有前途；相比渠道层层加价，"真材实料、定价厚道"终究更得人心。

我们始终坚信，我们的信念——大众消费商品应该主动控制合理的利润——将成为不可阻挡的时代潮流，任何贪恋高毛利的举措都将导致企业踏上一条不归之路。

所以，我想向您说明，我们会更看重长期用户价值的维护，小米的商业价值和您的投资价值，也将来源且仅来源于用户价值的不断放大实现。

硬件综合净利率永不超过 5% 就是小米高效的证明。我们深知，小米的理念最终成为社会的共识尚需时日，但时间会是小米的朋友，我们固执地坚持、持续地投入、坚决地执行终将换来理想的实现。

建设全球化开放生态，我们的征途是星辰大海

今天，小米走到了历史性的重要节点。面向未来，小米建立的全球化商业生态有着极具想象力的远大前景。

小米要构建的绝不是一个封闭的商业帝国。小米也不仅是一家创新的科技公司，更是数字时代的生活方式的创立和推动者。让全球每个人都能享受科技带来的美好生活，要实现这一目标，1家小米远远不够，需要100家甚至更多的"小米"，一起建立丰富而繁荣的新商业生态。

"德不孤，必有邻"，通过独特的"生态链模式"，小米投资、带动了更多志同道合的创业者，围绕手机业务构建起手机配件、智能硬件、生活消费产品三层产品矩阵。现在，小米已经投资了90多家生态链企业，改变了上百个行业，未来这个数字将会更加庞大。

这样的改变不仅发生在中国。以智能手机业务为例，在全球已进入的70多个国家和地区市场中，我们已经取得在印度份额第一、在 15 个国家名列前茅的成绩。我们正在并将继续证明，小米模式在全球都具有可快速复制的普适性。

建立全球化的开放生态，让小米长期发展的机遇更多、边界更广阔、根基更稳健。大数据、人工智能的时代就在眼前，我相信全球生态平台所生成的大量独特的消费和行为数据，能让我们更为敏锐、精准地洞察用户的需求，为我们在未来赢得巨大优势。

小米是一家工程师文化主导的公司。工程师们的梦想就是持续探索先进技术，并惠及尽可能多的用户。做用户心中最酷的公司是我们的愿景。我们坚信，科技创新进步带来的利益能被大众轻易共享，互联网精神的本质是透明、高效以及平等、普惠。

最大的平等，莫过于日常生活体验的平等：让所有人，不论他/她是什么肤色、什么信仰，来自什么地方，受过什么教育，都能一样轻松享受科技带来的美好生活。

这就是我和小米所有员工持续奋斗的目标。

感谢您关注小米，并和我们并肩投身于创造商业效率新典范，用科技改善人类生活的壮丽事业。许商业以敦厚，许科技以温暖，许大众以幸福，我们的征途是星辰大海。现在才刚刚迈出了第一步，我们已经改变了几亿人的生活，未来我们将成为全球几十亿人生活中的一部分。

厚道的人运气不会太差。请和我们一起，永远相信美好的愿景即将发生。

雷 军
2018 年 5 月 3 日

附录2 小米生态链公司及细分领域表

企业	企业简介	产品
华米科技	安徽华米科技是一家专注于可穿戴设备的技术公司,由小米公司和合肥华恒电子联合成立。众所周知的小米手环就是华米公司的杰作。其在2014年7月推出的79元小米手环,让当时数百元的手环厂家目瞪口呆。低价策略换来的是,华米科技的手环又统治地球了!小米手环累计卖出了2300万只,按每只79元计算,累计销售额是18.17亿元	小米手环、华米手表
万魔声学	加一联创(1more,2015年更名为万魔声学)是一家专注于手机数码配件研发、生产的电子科技公司,产品包括耳机、电源等,隶属于加一联创电子科技有限公司	小米活塞耳机、小米头戴式耳机、小米圈铁耳机、小米胶囊耳机等
绿米科技	绿米联创科技前身是深圳绿拓科技有限公司,成立于2009年。 2014年由小米注资加入小米生态链后,绿拓更名绿米。进入小米生态链之后,绿米的产品策略进行全面调整,聚焦在智能家居产品的研发上	智能家庭(多功能网关、小米温湿度传感器、小米人体传感器、小米门窗传感器、小米无线开关、魔方控制器、小米智能插座【ZigBee版】)

续表

企业	企业简介	产品
紫米电子	紫米科技，2013年年底推出了第一款小米移动电源，两个月后销量问鼎全球第一。2014年销售额达到11亿元，2015年仅移动电源就销售了2000万台。紫米科技除了销售移动电源，还推出了彩虹电池、数据线等	小米移动电源、彩虹电池
智米科技	北京智米科技有限公司，推出小米空气净化器，致力于小米空气净化器研发。智能空气净化器，2014年12月第一次发布，价格899元/台；现在已经推出了空气净化器2代，还有pro版。 智米科技对自我的定位是智能环境电器，所以他家的产品不仅仅是空气净化器，还有智米直流变频落地扇、米家pm2.5检测仪、紫米除菌加湿器等	小米空气净化器、小米空气净化器2、智米直流变频电风扇、智米除菌加湿器、米家PM2.5检测仪、米家空气净化器Pro
云米科技	云米科技是一家主打智能小家电研发的科技公司，产品有"小米净水器"等	小米净水器（包括厨下式）、水质TDS检测笔
小蚁科技	小蚁科技是一家专注于云智能可穿戴、移动化的新型视频类智能电子产品自主研发的公司。推出的小蚁智能摄像机具备网络直播、网络存储、双向通话等功能，还可以把动态物体出现的时间标记下来	小蚁智能摄像机(包括夜视版)、小蚁运动相机、行车记录仪
亿联客	Yeelink在物联网开发和智能家居领域成名很早，团队成立于2012年5月。Yeelink最初定位为一家开放的物联网平台企业，后又于2012年9月开展智能灯的研发，并且面向海外市场做外贸。2014年10月，小米发布智能家居四件套，其中包括Yeelink	YeeLight床头灯、米家LED智能台灯

续表

企业	企业简介	产品
九安医疗	iHealth 致力于通过研发移动个人保健产品，使分析健康轨道、图形和安全共享信息等变得精简化。旗下推出 iHealth 移动互联血压计、iHealth 可穿戴智能腕表、移动互联体重秤等个人健康管理工具	iHealth 血压计
Ninebot 纳恩博	Ninebot（纳恩博，此前叫风行者）是一个自平衡车及短途代步工具，由纳恩博（天津）科技有限公司开发，提供集生产、销售、服务于一体的智能代步设备运营服务	9号平衡车
骑记科技	骑记是一家主打骑行运动的服务平台，支持国内 GPS 定位、轨迹记录、提供实时用户互动以及微博分享等	电助力折叠自行车
蓝米科技	东莞蓝米科技主要生产蓝牙耳机、有线耳机等，2014 年全渠道销售额就突破了 1.2 亿元。2014 年 4 月，小米科技投资，变成小米科技链企业，估值 2 亿元。2015 年 6 月，蓝米研发生产的小米蓝牙耳机在小米网发售，被"米粉"热烈追捧	小米蓝牙耳机
青米科技	青米科技是一家智能家居产品研发商，由小米科技出资成立。青米（北京）科技有限公司，其母公司——北京动力未来科技股份有限公司，已经是新三板公司。2015 年 3 月，青米科技首款产品——小米插线板正式发布，同年 4 月 8 日，米粉节首发当天售出 24.7 万只，两个月时间销售突破 100 万只	小米插线板

续表

企业	企业简介	产品
小寻科技	"小寻"由小米科技、龙旗股份联合投资，是小米生态链中专注于儿童智能穿戴的高科技企业。小寻科技作为小米旗下的生态链企业，是小米生态链中唯一的儿童智能穿戴产品公司。小寻拥有由小米公司授权的"米兔"品牌使用权，独立运营儿童智能产品品类	米兔儿童手表、小寻儿童电话手表彩屏版
睿米科技	无锡睿米信息技术有限公司成立于2015年1月，于2014年获得北京小米科技有限责任公司投资。睿米专注于车载智能产品，应用互联网开发模式，以用户体验为基础进行产品研发	睿米车载蓝牙播放器、车载空气净化器
创米科技	创米科技是小米公司与国内最大的手机ODM(设计和代工制造)厂商之一龙旗科技(上海)有限公司共同成立的合资公司	米家小白智能摄像机、小米网络收音机、小米万能遥控器、小米智能插座、小米米键、小米随身Wi-Fi U盘版
润米科技	小米投资的生态链企业，曾推出了一款以聚碳酸酯材质为主、轻量和坚固为特色、名为"90分"的旅行箱。2015年年初获小米投资，成为生态链中的一员	"90"分智能金属旅行箱、"90"分跑鞋、小米双肩包、休闲包

续表

企业	企业简介	产品
纯米科技	纯米科技公司成立于2013年7月，是一家专注于云家电整体解决方案的芯片开发公司和物联网公司	米家压力IH电饭煲
飞米科技	小米科技的子公司天津金星投资有限公司，投资了广州飞米电子科技有限公司，持股约为40%。 国家知识产权局网站显示，小米科技有限责任公司和广州飞米电子科技有限公司在2015年5—6月，联名申请了23个发明专利和4个实用新型专利，涉及的专利包括飞行器、操作控制方法及装置、螺旋桨结构、飞行器主体和脚架等	小米无人机
田米科技	2017年，中国移动包销50万台小米笔记本air 4G，一年销售额至少超过20亿元	小米笔记本Air
石头科技	小米发布的扫地机器人出自这家企业。公司的英文是Rockrobo，致力于做全球最酷的机器人，通过科技改善人们的生活，未来将推出一系列高度智能的机器人产品	米家扫地机器人
秀美时尚科技	这家公司的母公司是新三板公司——深圳比科斯电子股份有限公司。2017年10月，小米公司与其签订协议，深圳秀米时尚科技公司主要为小米科技提供智能手机配件、文具类、雨伞、轻跑鞋、握力器等产品。2016年12月31日，累计交易额5000万元	米家签字笔

续表

企业	企业简介	产品
舒可士科技	这家公司成立于 2015 年,是一家专注个人健康护理消费电子的互联网科技公司。舒可士以用户需求为导向,自主研发、不断创新,始终致力于为用户提供先进智能的、具有极致体验的高品质个人健康护理产品与服务。目前,核心业务为素士声波电动牙刷及素士移动 App	素士声波电动牙刷
花花草草科技	公司成立于 2015 年 2 月,致力于成为一家结合农业和智能硬件的科技公司	花花草草检测仪
卡迪尔通讯	21 克手机是一个老人手机品牌及生产销售商,旗下有 CareOS 手机操作系统。深圳市小田科技有限公司旗下产品	21 克手机
趣睡科技	这家成都公司致力于为全球消费者提供健康环保的优质睡眠用具。2016 年 12 月 6 日,小米米家正式众筹上线了一款 8H 乳胶弹簧床垫 M3,就是这家公司出品的	8H 乳胶弹簧床垫
秒秒测科技	一家做智能体温计的公司,目前推出的产品主要是儿童智能体温计	儿童智能体温计
硕米科技	上海硕米科技有限公司于 2015 年 3 月 11 日成立,在小米生态中提供手机套	手机套
板牙信息科技	板牙信息科技(上海)有限公司将依托"小米"品牌、渠道,龙旗的硬件、供应链能力,利用互联网的机遇,无缝地将汽车、驾驶者和世界链接起来	70 迈智能后视镜
悦米	北京悦米科技有限公司于 2015 年 05 月 05 日成立	悦米机械键盘

续表

企业	企业简介	产品
云柏科技	深圳云柏科技是专业从事可穿戴设备、移动医疗、智能家具等智能终端研发、生产、销售和服务的复合型高科技企业。致力于电信业务的研发和运营服务的高新技术企业，拥有电信级的业务系统、丰富的运营经验以及高效的业务和服务团队，创造了新一代通信模式	智能手表、手环
峰米科技	峰米（北京）科技，2017年3月底注册，股东中有小米（天津金米）、顺为。深圳市光峰光电技术有限公司成立于2004年，从自研的ALPD荧光激光显示技术起家，这项技术是全球第一个成功实现产业化的激光显示技术。基于ALPD荧光激光显示技术研发的100寸激光电视，在2013年美国CES展会上获得Best OF CES2013：Product ofFuture(未来产品奖)。 2014年，该公司研发的20,000流明符合DCI标准的激光电影放映机，也是全球首款激光电影放映机，被应用于变形金刚4首映等	激光电视
车米科技	小米公司于2017年12月入股	暂无

续表

企业	企业简介	产品
疯景科技	这是一家很年轻的公司，2015年成立。但股东名单挺豪华的，小米的天津金米之外，真格基金、顺为资本等都是股东。 这是一家提供VR全景软硬件服务的公司，主打产品为个人便携360度全景摄像机，产品可同时拍摄720度视角的视频。第一款个人便携式全景产品MadV，是Madadventure的缩写，寓意为"疯狂的冒险"	暂无
海导信息	公司2014年7月成立，于2015年9月推出纽扣运动狗牌，2016年9月推出纽扣遛不丢狗牌，在京东众筹上线。公司主要关注采集宠物运动数据的方法和宠物窝。纽扣宠物未来主要负责智能硬件开发以及养宠社区的建立，并与著名电商合作，作为宠物电商的消费入口，提升公司的整体盈利能力	纽扣
猎声电子	猎声电子成立于2014年，是一家以"智能家居无线音频设备"为布控核心，通过高端智能技术展现产品个性化，解决国民对无线领域设备需求的研发型互联网科技企业	无线音频类
香蕉出行	香蕉出行是由钟雨菲、何晓红等前小米员工于2016年10月底创立的。钟雨菲是小米第21号员工，该项目获得小米创始人雷军、湖南卫视主持人杜海涛等人的天使投资	共享出行
云柚科技	云柚科技创始团队均来自华为、阿里等行业标杆企业，获得雷军旗下顺为基金投资，是一家智能家居硬件技术公司，主要产品是智能门锁等空间安防产品	智能门锁

续表

企业	企业简介	产品
视感科技	视感科技成立于2015年4月，主要从事可携带式智能乐器的研发、生产和销售，由小米、顺为领投	智能乐器
爱其科技	公司成立于2013年4月，专注于智能硬件和机器人产品研发。2015年，获小米投资，正式成为小米生态链公司之一。2016年，推出小米生态链产品——米兔积木机器人	机器人
云造科技	公司成立于2013年4月，是一家设计驱动型的科技创新公司，主要从事智能代步工具的设计、研发和销售，获雷军旗下顺为领投	智能代步工具
摩象科技	公司成立于2016年，是小米唯一专注于虚拟现实产品研发和生产的生态链企业	AR/VR
米物科技	公司成立于2015年12月，次年正式成为小米第56家生态链公司，且是其唯一一家专注于PC外设及其他效率工具的产品公司。该公司成员由原英华达手机研发团队转型而来	PC外设
商米科技	商米科技是一家专注为O2O互联网平台、软件开发商、中小型商户提供智能商用硬件设备的创新型科技公司，是第一家在智能商用领域获小米科技连续两轮融资的互联网公司	智能硬件设备
爱和健康	爱和健康是全球移动互联网健康领域的领航者，也是小米生态链中唯一一家聚集健康生活类智能硬件公司。该公司在美国硅谷成立，法国、中国均设有分公司，是苹果、谷歌的官方合作伙伴	米家iHealth血压计、体重计、小方智能摄像机